Die besten
Wohnmobilstellplätze
Deutschland

Blick vom Stellplatz
auf die Ostsee

Torsten Berning

Die besten WOHNMOBILSTELLPLÄTZE DEUTSCHLAND

Außergewöhnliche Orte für den perfekten Urlaub auf vier Rädern

BRUCKMANN

INHALT

INHALT

Idylle am Ferienhof Maurus im Argental

Lutherweg
Wartburg 14 Km
Marksuhl 11 Km
Unkeroda
Wallbach 4 Km
Wolfsburg Unkeroda 6,0 km
Wilhelmsthal
Lullus-Pfad x-16
Bushaltestelle
1 Rundweg
2 Rundweg 2
Rundwege 1 und 2
ab Campingpark Eisenach
Rundweg 1
Rezeption Campingplatz –
Wilhelmsthal Forsthaus –
Wilhelmsthal-Abzweig links bis
Schloss – Wilhelmsthaler See bis
Abzweig links Seedamm –
hinter TBZ – Campingplatz –
Altes Zeltkino – Rezeption
Streckenlänge: 3,5 km
Laufzeit: ca. 1 Stunde
Schwierigkeit: keine
flach, gut begehbar
Rundweg 2
Rezeption Campingplatz – Teich –
Langer Graben (X 16) – Eichkopf –
über die Altenberger Wand –
Buchgraben – Kohlgraben –
hinter TBZ – Wilhelmsthal –
Campingplatz – Rezeption
Streckenlänge: 6,0 km
Laufzeit: ca. 1,5 Stunden
Schwierigkeit: leichter Anstieg,
gut begehbar
CAMPING PARK

DIE BESTEN WOHNMOBILSTELLPLÄTZE DEUTSCHLAND

Dieser Band enthält unsere Tipps und Empfehlungen für die besten Wohnmobilstellplätze und Campingplätze – das eine Mal für einen kurzen Wochenendausflug, das andere Mal gerne auch für einen längeren Aufenthalt. Ob spannender Städtetrip oder entspannendes Outdoor-Erlebnis: Bei den vielen unterschiedlichen, aber immer wunderschönen Stellplatzmöglichkeiten in diesem Buch werden Sie sicher fündig!

Wir sind für Sie dafür kreuz und quer durch Deutschland gefahren und haben die schönsten Wohnmobilstellplätze gesucht und gefunden. Wir – das sind zwei Erwachsene und unser Bord-Hund Sir Henry. Unterwegs waren wir mit einem acht Meter langen Wohnmobil, das 4,8 Tonnen wiegt. Acht Meter bedeutet in diesem Fall: Wo wir hinkommen, kommt fast jeder hin! Und auch wenn wir mittlerweile ohne Kinder unterwegs sind, legen wir trotzdem immer noch viel Wert darauf, dass unsere ausgewählten Stellplätze sowohl Familien mit Kindern jeglichen Alters als natürlich auch die geliebten Haustiere willkommen heißen.

Aber was zeichnet denn eigentlich die besten Stellplätze aus? Einer Studie zufolge sind Plätze am Wasser, mit Blick in die Berge und einem Ausblick in eine Naturlandschaft schön. So weit, so gut. Diese Kriterien haben wir oft vorgefunden. Was braucht der Wohnmobilist aber sonst noch, um einen Stellplatz SCHÖN zu finden? Strom, Wasser, Ver- und Entsorgung, Sanitäranlagen, Kinderspielplatz etc.? Nun, das muss letzten Endes natürlich jeder für sich entscheiden. Wir jedenfalls haben versucht, für jeden Geschmack und Anspruch einen Platz zu finden. Sehr oft liegen unsere Lieblingsplätze am Wasser und in schöner Landschaft, manchmal aber auch mitten in der Stadt oder am Stadtrand und sind dann vielleicht auf den ersten Blick eher unspektakulär. Nicht immer gibt es sanitäre Anlagen, aber das brauchen wir Wohnmobilisten ja auch nicht zwingend, denn WC und Dusche haben wir immer an Bord. Um die Stellplätze in der eigenen Umgebung schnell zu finden, haben wir das Buch grob in Regionen unterteilt. Zu allen Plätzen gibt es eine ausführliche Umgebungsbeschreibung mit Tipps und Empfehlungen zur Freizeitgestaltung. Ob Wanderungen und Radtouren in der Natur, Kultur, Kinderprogramm, Restaurant oder Shopping, ob Pärchen, Familien mit Kindern und auch der Hund – an alle ist gedacht und jeder wird seinen Lieblingsplatz finden.

Frei nach Jean-Jacques Rousseau geben wir Ihnen noch mit auf den Weg:

Die Freiheit des Wohnmobilfahrers liegt nicht darin, dass er fahren kann wohin,
er will, sondern dass er nicht bleiben muss,
wo es ihm nicht gefällt!

Lassen Sie sich also inspirieren und verführen, kommen Sie mit uns zu unseren Lieblingsplätzen in ganz Deutschland und genießen Sie die damit verbundene Freiheit und Erholung. Vielleicht treffen wir uns ja auf dem einen oder anderen Platz?

Herzlichste Grüße
Torsten Berning mit Reiseteam
Sylke & Bordhund Sir Henry

Linke Seite:
Wer die Wahl hat, hat die Qual.

Vor der Weinlese
im Moseltal

» WESTDEUTSCHLAND

1 REISEMOBILHAFEN CAMP MARINA, JACHTHAFEN FUESTRUP, GREVEN

Dortmund-Ems-Kanal mal ganz anders

Vor einigen Jahren trauten die Bootseigner ihren Augen nicht – hatten sich doch unweit vom Jachthafen Greven die »Landkapitäne« mit ihren Wohnmobilen breit gemacht. Schnell entdeckte man aber so manche Gemeinsamkeit und mittlerweile hat sich eine schöne Gemeinschaft entwickelt.

Schon bei der Einfahrt zum Reisemobilhafen Camp Marina sieht man, dass hier mit viel Aufwand versucht wurde, etwas Besonderes zu schaffen. Die exklusive Lage parallel zum Dortmund-Ems-Kanal ist auch nur schwer zu übertreffen und findet sich so sicherlich kein zweites Mal. Hier entstanden 150 großzügige und gut gekennzeichnete Stellplätze auf dräniertem Untergrund. Dank der vielen Plätze ist eine Reservierung nicht nötig, bisher haben Anreisende noch immer einen Platz gefunden. Da das offene Areal jedoch über wenig natürliche Beschattung verfügt, ist bei sonnigem Wetter ein Stehen ohne Markise schwer vorstellbar. Die Ver- und Entsorgung ist hier aber wirklich als vorbildlich zu bezeichnen. Eine ausreichende Menge an Stromsäulen beugt unnötigen Kabellängen vor und der Brötchenservice am Morgen klappt ebenfalls vorzüglich. Auf dem angrenzenden Grundstück kann man Nandús, einer amerikanischen Laufvogelgattung, einen Besuch abstatten und Kinder können sich auf dem Spielplatz des Campingplatzes austoben.

STADT, LAND, KANAL

Der Dortmund-Ems-Kanal erstreckt sich auf einer Länge von 215 Kilometern zwischen dem Dortmunder Stadthafen und Papenburg an der Ems. Die Anfänge des heutigen Kanals gehen auf die Zeit von 1824 bis 1828 zurück, als der Ems-Hase-Kanal bzw. Hanekenkanal entstand. Diese gingen dann später im Verlauf der neuen Wasserstraße auf;

Viel Grün auf den großzügigen Stellplätzen

nach nur siebenjähriger Bauzeit wurde im Jahr 1899 der eigentliche Dortmund-Ems-Kanal durch Kaiser Wilhelm II. persönlich eröffnet. Ab den 1970er-Jahren entwickelte sich dann auch zunehmend die zivile Nutzung, kurzum: Man verbrachte seine Freizeit immer mehr am Kanal, ob zu Wasser oder auch zu Land. Angeln, Baden und Bootfahren waren die Vorläufer von Radfahren, Joggen und Skaten.

Zentral gelegen zwischen den beiden Städten Münster (10 km) und Greven (8 km), bieten sich vom Reisemobilhafen Camp Marina aus schier unendliche Freizeitmöglichkeiten. Kein Wunder, dass ein entspanntes Wochenende mit Blick auf die vorbeifahrenden Schiffe auf dem Kanal in der Beliebtheitsskala ganz oben steht.

Aber auch für Wanderer und Hunde hat das Hinterland einiges zu bieten. Das frühere Dorf Greven erhielt erst 1950 seine Stadtrechte und entwickelte sich vor allem durch die ansässige Textilindustrie mit ihren großen Baumwollspinnereien. Heute leben hier gut 36 600 Einwohner. Das Zentrum bilden die Kirche St. Martinus und das alte Ballenlager mit Kesselhaus. Wie Münster ist auch Greven ein Traum für Radfahrer.

Ein guter Tipp ist hier außerdem die Wanderung vom Grevener Bahnhof nach Emsdetten. Sie führt durch die typische Münsterländer Landschaft vorbei an kleinen Transportkanälen mit alten Holzkähnen, grasenden Pferden und natürlich Schafen. In Emsdetten angekommen, geht es dann einfach mit dem Zug zurück. Diese Tour ist eine willkommene Abwechslung, wenn man mehrere Tage auf dem Reisemobilhafen verweilt.

Hier fühlt sich Europa wohl!

Wieder zurück am Stellplatz, trifft man sich dann gerne mal am Ufer des Kanals zum Sonnenuntergang. Also: Stuhl und ein Getränk unter den Arm klemmen, entspannt zurücklehnen und genießen – es lohnt sich! Für alle, die dann keine Lust mehr haben, selbst den Kochlöffel zu schwingen, empfiehlt sich ein Besuch in der Gaststätte »Zum Fährhaus« im Hafen.

Sollte der Stellplatz in der Hochsaison mal an seine Kapazitätsgrenzen stoßen, gibt es linker Hand noch eine große Ausweichfläche. Die asphaltierte Abstellfläche dient im Winter für die Schiffe und steht somit im Sommer leer. Es gibt kostenfreies W-Lan und die nächste Einkaufsmöglichkeit liegt im 3 Kilometer entfernten Ort Gelmer.

INFOS

REISEMOBILHAFEN CAMP MARINA, JACHTHAFEN FUESTRUP, GREVEN

Fuestruper Str. 37, 48268 Greven, Tel. 02571/3896, www.fuestrup.de

GPS: 52.045625, 7.685417

KOSTEN PRO ÜBERNACHTUNG: über 150 Stellplätze für 12,50 € inkl. Ver- und Entsorgung, Strom: 2,50 € (Zehnerkarte: 110 €)

GEÖFFNET: ganzjährig

SONSTIGES: Duschen: 1 €/6 Min., 50 l Wasser 0,50 €, Waschmaschine und Trockner je 0,50 €

TIERE: Hunde erlaubt

TOURIST-INFO: Tourismus Center Münsterland e.V. Münster und Greven, Airportallee 1, 48268 Greven, Tel. 02571/949392, www.muensterland-tourismus.de

KULINARISCHES: morgens Brötchenservice, Grillpavillon, Mo–Fr 9 Uhr Lebensmittelwagen, Gaststätte »Zum Fährhaus«, Fuestruper Str. 37, 48268 Greven, Tel. 02571/800130, www.zumfaehrhaus.de

2 WOHNMOBILHAFEN NETTERSHEIM

Lockruf der Eifel – auf den Spuren der alten Römer

Nur 60 Kilometer südlich von Aachen sind wir im Eifelstädtchen Nettersheim. So klein, wie es für den Außenstehenden zunächst vielleicht scheinen mag, ist es gar nicht und bietet neben viel Ruhe auch eine Vielzahl von Möglichkeiten für die Freizeitgestaltung.

Die Gemeinde Nettersheim liegt im deutsch-belgischen Naturpark Nordeifel. Köln und Aachen sind jeweils etwa 60 Kilometer entfernt, Trier liegt in etwa 100 Kilometer Entfernung. Nettersheim durchfließen die beiden Flüsschen Urft und Erft. Die Urft mit ihren Nebentälern prägt das Relief des Gemeindegebietes: Sanft schwingt sie sich durch die Landschaft, die eine ganz besondere Ruhe ausstrahlt.

Am Ortsrand, im alten Steinbruch, gibt es einen wunderschön angelegten Stellplatz für 25 Wohnmobile, der von der Gemeinde betrieben wird. Eine ruhige Nacht ist hier garantiert und mit 9 € inkl. Strom für 24 Stunden eher günstig. An der Zufahrt links befindet sich eine sehr schön angelegte Sitzecke aus Naturholzmöbeln, ein beliebter Treffpunkt für den Gedankenaustausch mit Gleichgesinnten. Der Platz ist durch seinen geschotterten Untergrund zu jeder Zeit gut befahrbar und wird auch im Winter sehr gerne genutzt.

WANDERN IN DER EIFEL

Der Stellplatz liegt außerdem nur unweit vom Naturzentrum Eifel entfernt. Dort versorgt man die Besucher gerne mit allen wichtigen Informationen zu Rad- und Wanderwegen. Darüber hinaus finden wechselnde Ausstellungen statt. Eine Rangerführung im Nationalpark kann auch gebucht werden.

Gut befestigte Stellplätze am grünen Ortsrand

Praktisch: Die Regionalbahn macht hier ebenfalls halt. Man kann also bequem mit der Bahn nur eine Station bis Urft fahren und die sieben Kilometer zurück auf »Schusters Rappen« meistern. Der Weg führt entlang der alten römischen Wasserleitung, die einst das kühle Nass bis nach Köln brachte. Das Ganze war damals – und ist es auch heute noch – ein wahres technisches Meisterwerk, da man Pumpen natürlich noch lange nicht kannte. Allein die Strömung und das Gefälle hatten dafür Sorge zu tragen, dass das Wasser auch dort ankam, wo es sollte, um die Bevölkerung zu versorgen. Die Wanderung ist für alle Altersklassen gut zu meistern und auch der Vierbeiner wird seine Freude haben. Abseits vom Zivilisationslärm genießt man hier einfach die Ruhe der Natur! Wieder zurück, wird es natürlich langsam Zeit für eine Stärkung! Besonders an einem sonnigen Tag empfiehlt sich der romantische Innenhof des Nettersheimer Hofes in direkter Nähe zum Bahnhof. Besonders interessant für Kinder ist die Sammlung alter Traktoren und Landmaschinen. Neben der Eifler Küche zu zivilen Preisen gibt es also noch etwas zu sehen und es muss nicht steif am Tisch gesessen werden.

Ein weiteres Erlebnis ist eine Kutschfahrt entlang der alten Römerrouten. Die Reitanlage Lindenhof lässt sich mit dem Fahrrad über die L 205 bequem in 15 Minuten erreichen. Vielleicht gibt es die Möglichkeit, sich einer Planwagenfahrt anzuschließen oder eine kleine Wagonette individuell zu buchen. Vielleicht können Sie auch andere Wohnmobilisten begeistern und der Inhaber Mark Schwerdt holt Sie direkt am Stellplatz mit seinem Planwagen ab!

Herbstmarkt im Sonnenschein

Direkt in der Nähe von Nettersheim, gute 20 Kilometer nordwestlich, ist als ein weiteres Anlaufziel noch Schleiden-Gmünd zu empfehlen.

Wenn Sie noch nicht genug von der Eifel haben, gibt es in diesem Buch noch einen weiteren Stellplatz in der Südeifel, nahe der Grenze zu Luxemburg.

INFOS

WOHNMOBILHAFEN NETTERSHEIM

Urftstraße, 53947 Nettersheim, www.wohnmobilstellplatz.de

GPS: 50.487222, 6.626111

KOSTEN PRO ÜBERNACHTUNG: 25 Stellplätze für 9 € inkl. Strom und Entsorgung

GEÖFFNET: ganzjährig, keine Reservierungen

SONSTIGES: Frischwasser: 1 €, keine (Wohn-)Anhänger gestattet

TIERE: Hunde erlaubt

TOURIST-INFO: Gemeinde Nettersheim, Krausstr. 2, 53947 Nettersheim, Tel. 02486/780, Naturzentrum Eifel, Urftstraße 2, 53947 Nettersheim, Tel. 02486/1246

KULINARISCHES: Liefer- und Brötchenservice, Grillplatz, Restaurant im Nettersheimer Hof, Bahnhofstr. 5–11, 53947 Nettersheim, Tel. 02486/8026450, www.nettersheimer-hof1857.de

SEHENSWERT: Erlebnisse aus der Römerzeit unter www.archaeologischer-landschaftspark.de, Kutschfahrten bei der Reitanlage Lindenhof, www.ehorses.de/reitanlagelinenhof

ALTERNATIV: Wohnmobilhafen am Nationalpark-Eifel, Pfarrer-Kneipp-Straße, 53937 Schleiden-Gemünd, Tel. 0174/7167067, www.womo-nationalpark-eifel.eu/

3 DER HALBKREIS VON URMITZ

Freier Blick auf den Vater Rhein

Es ist nicht ganz leicht, im Bereich des mittleren Rheintals einen Stellplatz ganz ohne Kompromisse (und Geräuschkulisse) zu finden. Der Wohnmobilstellplatz Urmitz stellt hier jedoch eine erfreuliche Ausnahme dar – ungetrübte Aussicht auf den Rhein inklusive.

Seit 2011 heißt die Gemeinde Urmitz seine mobilen Gäste auf dem neu angelegten Wohnmobilstellplatz willkommen. In zwei Halbkreisen – ein größerer nahe am Ufer, ein etwas kleinerer dahinter – entstanden hier 24 asphaltierte Stellplätze, die auch für große und schwere Wohnmobile über 7,5 Tonnen geeignet sind. Darüber hinaus gibt es eine Ausweichfläche an der angrenzenden Sportanlage. Die großzügigen Plätze gestatten den Einsatz von Campingstuhl mit Tisch und Markise. Die Bezahlung erfolgt unkompliziert an einem Parkautomaten. Auf Service wird hier allgemein besonderer Wert gelegt: Gasflaschentausch, freie Wasserhähne für kleine Mengen und eine kostenlose Ladestation für E-Bikes vervollständigen das Angebot. Auf den Freiflächen vor den Plätzen gibt es außerdem noch feste Bänke und Tische, ebenso stehen in 50 Meter Entfernung eine offene und eine geschlossene Grillhütte zur Verfügung. Diese auf der Wiese direkt an der Rheinaue gelegenen Grillhütten können für Gruppen auch reserviert werden. Nähere Informationen dazu finden sich bei der Gemeinde Urmitz.

Alle Stellplätze kosten 7 € inkl. Entsorgung, Strom 1 € für acht Stunden und Frischwasser 1 € für 80 Liter. Sanitäranlagen werden nicht zur Verfügung gestellt. Der Stellplatz wird täglich durch die Gemeinde kontrolliert, damit der sehr einladende Zustand auch weiterhin garantiert werden kann.

RHEINROMANTIK PUR

Besonders schön sind die erhöhte Lage der Stellplätze mit direktem Blick auf den Vater Rhein sowie die Position in einer ruhigen Sackgasse. Das fantastische Panorama lässt sich hier herrlich genießen. Lediglich die 300 Meter entfernte Eisenbahnbrücke beschert

Vom Stellplatz bis zum Rheinuferweg ist es nur ein Katzensprung.

eine eher gemäßigte Geräuschkulisse. Direkt an der Brücke befinden sich auch der Bahnhaltepunkt »Rheinbrücke« sowie die Bushaltestelle mit Anbindung ins nahe Koblenz und nach Neuwied. Der Rheinradweg liegt quasi vor der Ausstiegstür. In den Ort Urmitz und zur Brücke sind es jeweils nur ein paar hundert Meter. Auf dem Weg zur Brücke, gleich neben dem Stellplatz bei der benachbarten Tennisanlage, liegt auch der sogenannte Örmser Biergarten »Rheinkilometer 602«, den das Gasthaus »Zur Post«, das sich etwas weiter im Ort befindet, von Mai bis Oktober betreibt. 30 Meter weiter vom Biergarten befindet sich außerdem ein großzügiger Kinderspielplatz, und auch Hundefreunde finden hier genügend Auslauf mit ihrem Freund auf vier Pfoten.

Weiterhin kann sich die Gemeinde Urmitz rühmen, die Wiege der Bimssandstein-Industrie zu sein, die den Wohlstand der Gegend mit den Jahren in unverkennbarer Weise gehoben hat.

Als besonderer Ausflug ist eine Tour mit dem roten Schienenbus aus den fünfziger Jahren durch das benachbarte Kasbachtal zu empfehlen. Fahren Sie dazu vom Bahnhaltepunkt Urmitz-Rheinbrücke nach Linz; von dort fährt die Kasbachtalbahn stündlich auf die Höhe nach Kalenborn.

Alles in allem ist das Angebot an diesem Ort mehr als vielfältig zu bezeichnen, denn auch Geschichtshungrige werden voll auf ihre Kosten kommen: So soll doch Caesar bereits im Jahr 53 vor Christus vom zwei Kilometer entfernten Drusus-Kastell eine Brücke über den Rhein geschlagen haben!

Eine Seltenheit, freier Blick auf den »Vater Rhein«

INFOS

WOHNMOBILSTELLPLATZ URMITZ

Kaltenengerser Straße 3 a, 56220 Urmitz, www.urmitz.de

GPS: 50.417222, 7.525000

ANFAHRT: Einfahrt zum Parkplatz der Sportanlagen

KOSTEN PRO ÜBERNACHTUNG: 24 Stellplätze für 7 € inkl. Entsorgung

GEÖFFNET: ganzjährig, keine Reservierungen

SONSTIGES: Strom: 1 €/8 Std., Frischwasser: 1 €/80 l, keine Sanitäranlagen am Stellplatz (Dusche/WC im Biergarten gegen Gebühr)

TIERE: erlaubt

TOURIST-INFO: Tourist Information Mittelrhein, Kärlicher Str. 4, 56575 Weißenthurm, Tel 02637/ 913411, www.mittelrhein-touristik.com

KULINARISCHES: je eine offene und geschlossene Grillhütte, Gasthaus »Zur Post«, Hauptstr. 47, 56220 Urmitz, Tel. 02630/956994, www.gasthaus-post urmitz.de, Örmser Biergarten »Rhein-kilometer 602«, direkt am Sportzentrum neben dem Stellplatz, Tel. 02630/839117

SEHENSWERT: Kasbachtalbahn, Fahrkarten ab 5 €, www.zugtouren.de/Kasbachtalbahn

4 PLATZ FÜR CAMPING, AACHEN

Dreiländereck und Kaiserstadt

UNESCO-Weltkulturerbe Kaiserdom, Dreiländereck Niederlande-Belgien-Deutschland, Weltfest des Pferdesports CHIO, Aachener Printen, Weihnachtsmarkt, Elite-Universität RWTH – das alles sollte einen abwechslungsreichen, aber auch erholsamen Aufenthalt in und um Aachen garantieren.

Der »Platz für Camping Aachen«, wie der Stellplatz offiziell heißt (denn hier dürfen auch Caravane vor Anker oder Zelter ihre Unterkunft aufschlagen), liegt direkt an der grünen Oase Gillesbachtal. Von hier geht es zu Fuß in das Kurviertel nach Burtscheid zum Einkaufen oder Kaffeetrinken. Die 47 Stellplätze mit einer Größe zwischen 80 und 100 m² sind im vorderen Bereich mit Rasengittersteinen angelegt und weiter hinten geschottert. Die Zufahrt sowie die Wege sind gepflastert. Für jeden Nutzer sind Strom- und Wasseranschlüsse vorhanden. An der Zufahrt befinden sich außerdem eine vorbildliche Entsorgung und ein Unterstand mit Informationsmaterial aus der »Euregio«, wie der Landkreis Aachen heißt. Daneben finden Sie das Sanitärgebäude mit allen Einrichtungen eines Campingplatzes. Eine Übernachtung kostet je Wohnmobil 23 € inkl. Kurtaxe, Strom und aller Personen. Duschen und W-Lan sind kostenfrei. Für den Aufenthalt in der ruhigen Umgebung der grünen Lunge sind die Preise aber durchaus gerechtfertigt. Der gesamte Platz ist in einem tadellosen Zustand und sehr gut frequentiert.

ALS GRENZGÄNGER UNTERWEGS

Bei jedem Waldspaziergang oder einer Radtour im Aachener Süden und Westen wird es Ihnen immer wieder passieren, dass Sie

Große Parzellen mit Rasengittersteinen

Landesgrenzen überschreiten oder aber die Überreste zweier Weltkriege in Form von Panzerbarrikaden oder alter Bunker vor Augen haben. International ist der jährliche CHIO, das Weltfest des Pferdesports, die bedeutendste Reitsportveranstaltung weltweit. Aber auch kurz hinter den Grenzen geht es sportlich zu: »Amstel Gold Race«, »Lüttich-Bastogne-Lüttich,« und der »Wallonische Pfeil« sind nur einige Namen der Frühjahrsklassiker des internationalen Radrennsport-Kalenders. Das über Vaals in den Niederlanden zu erreichende Dreiländereck ist nämlich mit 182 Metern die höchste Erhebung der ganzen Niederlande und somit eine besondere Herausforderung!

Kurz dahinter beginnt die »Mergellandroute«, die durch die sanfte Hügellandschaft Limburgs nach Maastricht führt. Hier wird sich so mancher deutsche Spaziergänger über die alpine Wanderausrüstung, die selbst Reinhold Messner gut zu Gesichte stehen würde, unserer Nachbarn wundern. Und nicht vergessen – hier sind die Königreiche der Niederlande und Belgien! Sie merken bestimmt, dass in diesem kleinen Absatz das Potenzial für eine ganze Woche Urlaub steckt und man bei der Vielfalt leicht ins Schwärmen geraten kann.

Fußläufig in der Nachbarschaft des Campingplatzes ist das beliebte Frankenberger Viertel mit Kneipen, Musik-Cafés, dem kleinen Park mit der Frankenburg und den wunderschön anzusehenden Jugendstil-Altbaufassaden. Zur Einkehr empfehlen wir den seit mehr als 20 Jahren ansässigen »Insulaner«; hier bekommt man die beste Currywurst mit selbst gemachten Pommes frites. Auch für eine Besichtigung der Altstadt und des Kaiserdoms kann man getrost einen halben Tag kalkulieren. Übrigens gibt es am Stellplatz selbst den beliebten Brötchenservice: Täglich zwischen 8.15 und 8.45 Uhr heißt es mit dem Duft von frisch Gebackenem: guten Morgen!

Am Aachener Markt

Weltfest des Pferdesports, der CHIO

INFOS

STELLPLATZ BAD AACHEN

Branderhofer Weg 11, 52066 Bad Aachen, Tel. 0241/6088057, www.aachen-camping.de

GPS: 50.761111, 6.103056

KOSTEN PRO ÜBERNACHTUNG: 47 Stellplätze für 23 € inkl. Ver- und Entsorgung, Strom, WiFi

GEÖFFNET: ganzjährig, keine Reservierungen, max. 2 Nächte Aufenthalt

SONSTIGES: W-Lan und Duschen gratis

TIERE: Hunde erlaubt

TOURIST-INFO: aachen tourist service, Markt 45-47, 52062 Aachen, www.aachen.de

KULINARISCHES: morgens Brötchenservice, Insulaner Restaurant und Biergarten, Bismarckstraße 113, 52066 Aachen, www.insulaner-aachen.com

SEHENSWERT: Aachener Altstadt, Kaiserdom und Rathaus, Maastricht, Lüttich

5 … UND BIELEFELD GIBT ES DOCH!

Eine Stadt und ihr Bäcker

Schleichwerbung? Das kann man wahrscheinlich nicht so hart behaupten, ist doch der Name Dr. Oetker so mit der Stadt Bielefeld verbunden wie hell mit dunkel oder rechts mit links. Diese Stadt lediglich auf diesen einen bedeutenden Wirtschaftsstandort zu reduzieren, wird ihr allerdings nicht gerecht. Denn schon der Wohnmobilstellplatz, der die Besucher innenstadtnah im Grünen begrüßt, ist ein Volltreffer!

Von der Schnellstraße sind es nur drei Kilometer und einige Kurven bis dorthin. Oberhalb am Waldrand sieht man auf dem Plateau am Johannisberg zehn schön angelegte Stellplätze mit gepflastertem Untergrund. Man ist 1,4 Kilometer von der Innenstadt entfernt und unmittelbar am Kletterpark, der Bushaltestelle, dem Einstieg zum Hermannsweg, der als einer der schönsten Höhenwege Deutschlands gilt, und dem Bauernhausmuseum. Der Wohnmobilstellplatz am Johannisberg ist professionell mit Pflastersteinen angelegt und absolut eben, sodass auf den Einsatz von Unterlegkeilen getrost verzichtet werden kann. Die Größe der einzelnen Parzellen erlaubt den Einsatz von Markise und Campingausrüstung. Durch die Randlage ist es bei Nacht wunderbar still und jeder sollte einen erholsamen Schlaf finden. Die Stromsäule muss mit Ein-Euro-Stücken gefüttert werden und gibt dann für acht Stunden Elektrizität ab. Bei Abfahrt kann man die kostenlose Entsorgungsanlage nutzen und für 0,50 € 40 Liter Frischwasser auffüllen.

DAS WEISSE GOLD: BACKPULVER

Bevor man sich jedoch den Rucksack aufschnallt, um die Gegend zu erkunden, will noch die Sache mit dem Bäcker geklärt

Viel Grün mit Auslauf für Hunde

werden. Der berühmteste Sohn der Stadt, Dr. August Oetker, war zwar kein Bäcker, sondern eigentlich Apotheker, er entwickelte aber bereits 1891 das Produkt Backpulver zur Marktreife und verkaufte es in kleinen Tüten zu zehn Pfennig das Stück. Dass er damit den Grundstein für ein Weltunternehmen legte, ahnte er damals bestimmt noch nicht. Wer kennt sie nicht, die nostalgischen Werbeplakate der Jahrhundertwende, die ersten Werbespots im Fernsehen, als die Bilder laufen lernten, und das deutsche Wirtschaftswunder nach dem Krieg Fahrt aufnahm. Das Familienunternehmen Oetker blieb der Stadt treu. Das Stammhaus ist bis heute in der Lutterstraße ansässig. Das Unternehmen beschäftigt weltweit mehr als 27 000 Mitarbeiter bei einem Jahresumsatz von knapp elf Milliarden Euro! Wer mehr von der Geschichte des Unternehmens und damit verbunden auch der Geschichte Bielefelds erfahren möchte, sollte die Dr. Oetker Welt am alten Puddingpulverturm besuchen. Die museumspädagogische Gestaltung ist auch für Kinder sehr interessant und gut zu verstehen.

Mehr als 600 Kilometer Wanderwege laden zum Entdecken dieser modernen Großstadt im Grünen ein! Dabei gibt der Teutoburger Wald dem Bielefelder Stadtbild einen ganz besonderen Charakter und ein völlig neues Licht, das viele Besucher so bestimmt nicht erwartet haben. Toll ist: Man braucht nur 200 Meter zu gehen und ist direkt am Einstieg zum Hermannsweg, einem der Top-Ten-Wanderwege Deutschlands. Der Verlauf als Höhenweg über den Kamm des Teutoburger Waldes führt zu Beginn direkt durch die Bielefelder Innenstadt. Bei unserer Rückkehr kann man es sich am Biergarten beim Kletterpark bequem machen, der in Sichtweite des Stellplatzes liegt, und ein wenig den Abenteurern auf den wackeligen Seilen zusehen. Geht man vom Stellplatz in die entgegengesetzte Richtung, erreicht man nach wenigen Hundert Metern einen Outdoor-Fitnessparcours und einen Info-Pavillon der Stadt mit einer WC-Anlage. Nach dem Überqueren der Straße sind es noch 500 Meter zum Bauernhausmuseum, das besonders auf die Bedürfnisse der kleinsten Gäste angelegt wurde. Wer also bei allen Angeboten noch nicht seinen »Kick« gefunden hat, sollte die Gelegenheit nutzen und die Herausforderung des Kletterparks annehmen. Bleibt nur noch zu erwähnen, dass auch die Fahrradfahrer vom Stellplatz aus voll auf ihre Kosten kommen. Fazit: Ja, Bielefeld gibt es wirklich – und ein Besuch der Stadt sowie dieses Wohnmobilstellplatzes lohnt sich sehr!

Fitness-Parcours unterhalb vom Stellplatz

INFOS

WOHNMOBILSTELLPLATZ AM JOHANNISBERG
Dornberger Straße 53, 33615 Bielefeld

GPS: 52.021564, 8.513206

KOSTEN PRO ÜBERNACHTUNG: 10 Stellplätze für 5 € inkl. Entsorgung

GEÖFFNET: ganzjährig, max. 5 Tage Aufenthalt

SONSTIGES: Strom: 1 €/kWh, Frischwasser: 0,10 €/8 l, 0,50 €/40 l

TIERE: Hunde erlaubt

TOURIST-INFO: Tourist-Information im Neuen Rathaus, Niederwall 23, 33602 Bielefeld, Tel. 0521/51899

SEHENSWERT: Hermannsweg, www.hermanns-weg.de oder www.teutoburgerwald.de, Kletterpark Interakteam, Am Johannisberg 5, 33615 Bielefeld, www.interakteam.de

6 WOHNMOBILPARK XANTEN

Lebendige römische Vergangenheit am Niederrhein

Die Region am Niederrhein hat sich in der Wohnmobilfahrer-Szene mehr als nur zu einem Geheimtipp entwickelt. Zwischen Rheinberg und Emmerich an der holländischen Grenze entstand eine Vielzahl privater und kommunaler Stellplätze. Xanten sticht hier mit seiner langen Geschichte seit der Zeit der römischen Besiedlung hervor!

Ein Platz zum Es-sich-Gemütlich-Machen

Kein Wunder, dass man an manchen Wochenenden auf dem Wohnmobilstellplatz von Herbert Becker reservieren sollte. In wenigen Minuten erreicht man von dort die Fußgängerzone der Stadt Xanten, und der Radweg beginnt auch gleich unterhalb der ca. 70 Wohnmobilstellplätze, die großzügig auf Schotter und Rasen angelegt sind. Rund 40 weitere können sich auf den angrenzenden Nebenplatz (ohne Stromanschluss) stellen. Im rechten Teil sind die Stellplätze manchmal schräg und man sollte auf jeden Fall genügend Unterlegkeile zur Verfügung haben. Durch den oberhalb anschließenden Wald ist der WohnMobilPark sehr gut für Hundebesitzer geeignet. Brötchenservice, Sanitäranlagen und Aufenthalts-Pavillon bei schlechtem Wetter machen das umfassende Angebot perfekt. Darüber hinaus findet man auch noch die platzeigene Wellnessoase, die zur Sauna, Solargrotte oder einer Massage einlädt. Das Angebot ist sehr vielfältig und kann ganz individuell gebucht werden. So ist es nicht weiter verwunderlich, dass die Resonanz der Gäste bezüglich dieses Angebots auch sehr positiv ausfällt. Über die Preisgestaltung für den reinen Stellplatz sollte man sich seine eigenen Gedanken machen. Bei Nutzung aller Angebote muss man jedoch schnell mit 20 € pro Tag rechnen. Ein kleiner Wermutstropfen ist zudem die unterhalb liegende Bundesstraße, deren Geräuschkulisse zu den Hauptverkehrszeiten doch hörbar ist. Bleibt nur noch zu erwähnen, dass es auch einen zentralen Grillplatz mit fest installiertem Steingrill gibt. Dort ist es besonders schön, wenn man sich mit mehreren Leuten zum gemeinsamen Feiern trifft.

COLONIA ULPIA TRAIANA

Der nahe gelegene Rhein lädt zu gemütlichen Radtouren ein. Die Lage an der Wasserstraße muss auch den römischen Kaiser Marcus Ulpius Traianus dazu bewogen haben, die Siedlung an der Stelle des heutigen Xanten um das Jahr 110 nach Christus in den Rang einer Colonia Ulpia Traiana zu erheben. Diese Siedlung wurde bewohnt von romanisierten Galliern, Germanen sowie natürlich römischen Legionären und deren Angehörigen. Schnell wuchs die Zahl der Einwohner auf 15 000 und Xanten wurde zum zweitwichtigsten Handelsposten der Provinz Germania, nach dem südlich gelegenen Köln. Der Rhein tat als schiffbarer Handelsweg sein Übriges dazu. Heute zeugt der Archäologische Park von dieser blühenden Vergangenheit. Der Landschaftsverband Rheinland ließ dort das größte archäologische Freilichtmuseum Deutschlands entstehen, das zu einem mehr als anregenden Ausflug in die Geschichte einlädt. Die scheinbar fast spürbar noch lebendige Antike versetzt den Besucher in die Zeit, als die Gladiatoren in der Arena kämpften, die Bürger in Thermenanlagen verweilten und Handwerker mit ihren geschickten Händen und Techniken fortschrittliche Dinge des täglichen Lebens entwickelten. Für so einen erlebnisreichen Ausflug kann man besonders mit Kindern und Jugendlichen einen halben Tag einkalkulieren. Hautnah erfahren und mitmachen ist hier Programm!

Blick über den Marktplatz mit Stadtminiatur

Doch auch die folgende Entwicklung von Xanten durch das Mittelalter bis in die Gegenwart lässt sich im Stadtbild sehr schön erleben, erlaufen oder mit dem Fahrrad erkunden. Die historische Altstadt, der altehrwürdige Dom oder die Freizeitanlagen der Xantener Südsee mit Badestrand, Surferbucht und Tauchrevier bieten ein üppiges Angebot. Wenn sich das Windrad der Kriemhildmühle unmittelbar an der Stadtmauer in Bewegung setzt, ist das ein überaus beeindruckendes Schauspiel, das man einfach gesehen und gespürt haben muss.

Überhaupt kommen hier die Fans deutscher Geschichte und vor allem der Nibelungensage nicht zu kurz – so gilt Xanten der Legende nach als Geburtsort des mythischen Helden Siegfried.

INFOS

WOHNMOBILPARK XANTEN

Fürstenberg 6, 46509 Xanten, Tel. 02804/219500, www.womopark-xanten.de

GPS: 51.654297, 6.463333

LAGE: zum Teil befestigte Fahrspuren, guter Ausgangspunkt zum Einkauf und zur Innenstadt

KOSTEN PRO ÜBERNACHTUNG: 70 Stellplätze auf dem Rasen, 40 auf dem Nebenplatz (ohne Stromanschluss) für 11 bzw. 15 € inkl. 20 % Rabatt auf Wellnessangebote, Strompauschale: 3,50 € (nur nach Wunsch), 1,80 € Kurtaxe/Person + Nacht

GEÖFFNET: ganzjährig, Reservierung möglich für Gruppen, Sauna-Gäste und Inhaber der WomoVorteils-Card

SONSTIGES: Duschen/WC: 1,75/Person, Entsorgung, Frisch- und Abwasser: 2 €

TIERE: Hunde erlaubt (Leinenzwang)

TOURIST-INFO: Touristinformation Xanten, Kurfürstenstraße 9, 46509 Xanten, Tel. 02801/772200, www.xanten.de

KULINARISCHES: diverse Lokale in der sehr nahe gelegenen Fußgängerzone von Xanten

SEHENSWERT: Stadt Xanten, Archäologischer Park, Am Rheintor, 46509 Xanten, www.apx.lvr.de

7 GEMÜND AM NATIONALPARK EIFEL

Mit einem Ranger die Natur erkunden

In ruhiger Lage am kleinen Stadtpark und trotzdem zentral, mit vielseitigen Möglichkeiten zur Freizeitgestaltung – das sind liebliche Worte in den Ohren eines jeden Wohnmobilisten. Der schöne, in einer Sackgasse gelegene Wohnmobilhafen bietet noch dazu viel Komfort!

Zum schönen Ortskern von Gemünd sind es gerade einmal fünf Minuten zu Fuß. Auf dem Weg dorthin kommt man durch den kleinen Park am Freischwimmbad und an der Touristeninformation vorbei. Dort starten übrigens auch die geführten Touren der Nationalpark-Ranger. Eine Führung durch die Eifel unter fachkundiger Leitung ist eine tolle Abwechslung und man sieht vieles, an dem man sonst wahrscheinlich vorbeigelaufen wäre. Ebenso kann man Bereiche entdecken, die man ohne einen Ranger gar nicht betreten dürfte. Die Routen sind für alle Altersklassen geeignet und auch Hunde dürfen mit.

Eine schöne Fahrradstrecke führt direkt ab dem Platz entlang der Urft hin zur Urfttalsperre und zur ehemaligen NS-Ordensburg Vogelsang. Hierzu überquert man kurz vor dem Ziel die spektakuläre Talbrücke. Die Ordensburg diente im 3. Reich der NSDAP als Schulungsstätte für den Nachwuchs. In den letzten Jahren investierte das Land Nordrhein-Westfalen viele Millionen Euro in die Renovierung, um Besuchern die düstere nationalsozialistische Geschichte des Gebäudes näher zu bringen. Seit 2016 ist die Ordensburg ein NS-Dokumentationszentrum. Neben der Dauerausstellung »Bestimmung: Herrenmensch. NS-Ordensburgen zwischen Faszination und Verbrechen« gibt es weitere wechselnde Ausstellungen und auch Geländeführungen sind buchbar. Zusätzlich gibt es ein Kino, in dem historisches Filmmaterial gezeigt wird, sowie eine Gastronomie. Ein Rundgang durch die riesige historische Anlage ist wirklich aufschlussreich und kann

Ein schöner Stellplatz mit Blick ins Grüne.

durchaus als Tagesausflug geplant werden. All jenen, die sich den steilen Schlussanstieg zur Burg Vogelsang sparen möchten, sei die gute Busverbindung empfohlen. 400 Meter vom Stellplatz entfernt liegt die Haltestelle und den Rückweg bildet ein ca. 10 Kilometer langer Fußmarsch.

Auf eigene Faust kann man bei einer Wanderung auf dem Eifel-Trail die umliegenden Wälder erkunden. Eine Broschüre mit empfohlenen Routen gibt es kostenlos an der Tourist-Information. Aber bitte nicht vergessen: Für ungeübte Wanderer kann die hügelige Eifellandschaft schnell zum alpinen Gelände werden. Darum sollte man immer einen Rucksack mit Verpflegung packen und je nach Witterung entsprechende Wechselkleidung dabeihaben.

Das Angebot in und um Gemünd ist so reichhaltig, dass vom entspannten Wochenendausflug bis hin zur Urlaubswoche alles denkbar ist. Auf den großzügigen Stellflächen ist zudem Campingverhalten erlaubt. Packen Sie also gerne Markise, Tisch und Stühle aus oder grillen Sie doch am Abend gemütlich mit den Nachbarn. Hundefreunde schätzen den direkten Auslauf und die Spielwiese, wo sich die Vierbeiner richtig austoben können. Im Herzen der kleinen Fußgängerzone des Orts findet sich das Gemünder Brauhaus, wo frisches Eifeler Landbier ausgeschenkt wird. Besonders zu empfehlen sind die in der Region bekannten Schnitzel vom Eifeler Landschwein!

Die Urfttalsperre bietet eine traumhafte Aussicht auf den Stausee.

Das Gemünder Brauhaus lädt mit leckeren Speisen zum Verweilen ein.

INFOS

WOHNMOBILHAFEN AM NATIONALPARK

Pfarrer-Kneipp-Str. 3, 53937 Schleiden Gemünd, Tel. 0174-7167067, www.womo-nationalpark-eifel.eu

GPS: 50.578333, 6.493056

KOSTEN PRO ÜBERNACHTUNG: 40 Stellplätze für 12 € incl. 2 Personen, Ver- und Entsorgung

GEÖFFNET: ganzjährig

SONSTIGES: Strom 0,50 €/kWh, Sanitärnutzung gegen Gebühr

TIERE: Hunde erlaubt

TOURIST-INFO: Tourist-Information Nationalpark-Tor, Kurhausstr. 6, 53937 Schleiden Gemünd, Tel. 02444/2011, www.nordeifel-tourismus.de

KULINARISCHES: Gemünder Brauhaus, Dreiborner Str. 22, 53937 Schleiden Gemünd, Tel. 02444 / 9128488, www.gemuender-brauhaus.com

SEHENSWERT: Nationalpark Eifel, Urfttalsperre

8 WOHNMOBILPARK WINTERBERG

Auf dem Gipfel des Sauerlandes

Für »Flachlandtiroler« ist der Südhang des Kahlen Asten mit knapp 842 Metern Höhe fast eine hochalpine Lage. Wenn man das Ziel erreicht hat, weiß man, was eine Mittelgebirgslage sein kann. Der herrliche Panoramablick am Ortsausgang von Neuastenberg entschädigt außerdem für jeden Kilometer der Anreise!

Der Wohnmobilpark Winterberg mit seinen 70 neu angelegten Stellplätzen bietet jeglichen Komfort eines modernen Wohnmobilparks. Hier merkt man, dass der Eigentümer Aldo Hovenjürgen selbst seit Jahren aktiver Wohnmobilfahrer ist. Gemütliches Beisammensein wird gefördert und unterstützt, individuelle Wünsche und Gruppengäste sind hier Programm. Auch die Angebote, die die Stellplatzbesitzer von sich aus auf die Beine stellen, haben es in sich – im positivsten Sinne! Hier wird weit mehr getan, als Wasser und Strom zur Verfügung zu stellen. Grillabende, Wanderausflüge, ein Leihwagen zur Erkundung des Sauerlandes und Arrangements zu Weihnachten, Silvester oder Ostern garantieren ein Rundum-Angebot. Familien mit Kindern oder Hundebesitzern wird die gleiche Aufmerksamkeit zuteil wie dem individuell reisenden Ehepaar. Die Stellflächen sind terrassenförmig angelegt und bieten somit für alle einen tollen Blick in die Natur. Zu jeder Jahreszeit gibt es ausreichend Platz, um es sich richtig gemütlich zu machen. Eine Markise für die Sonne, eine Liege für die Bequemlichkeit – bitte schön! Etwas ganz Besonderes ist das abendliche Lagerfeuer, das zur Winterzeit mit Punsch und Gebäck alle Gäste in seinen Bann zieht. Grillen am Fahrzeug ist mit Gas- oder Elektrogrill übrigens auch gestattet. Die Preisgestaltung beginnt mit 14 €, wobei zu erwähnen ist, dass alles weitere nur bezahlt werden muss, wenn man es auch nutzt.

Terrassen mit weitem Blick über das Sauerland

MITTEN IM HOCHSAUERLAND

Am Gipfel des Kahlen Asten

Neuastenberg, wo sich der Wohnmobilpark befindet, ist ein Ortsteil von Winterberg. Der Hauptort Winterberg ist nur sechs Kilometer entfernt und über den Radweg oder mit dem Bus sehr gut zu erreichen. Hier denkt man natürlich gleich an Wintersport und den Weltcup im Rennrodeln oder Bobfahren! Das Skigebiet Postwiesen liegt nur 300 Meter weg und kann deshalb auch zu Fuß samt Skiausrüstung gut erreicht werden. Wer das Erlebnis Wintercamping noch nicht genossen hat, sollte hier die Gelegenheit nutzen, um einmal selbst zu erfahren, was es heißt, bei Minusgraden im verschneiten Wohnmobil zu sitzen und den Komfort der modernen Heizanlagen zu genießen. Diese werden nämlich spielend mit Temperaturen von minus zehn Grad und weniger fertig. Die Beschneiungsanlagen der Postwiesen garantieren übrigens mindestens 90 Tage Skifahren, Rodeln und Snowboarden im Jahr. Eine Vielzahl gespurter Loipen lädt zudem auch alle Langläufer ein, sich sportlich zu betätigen. Das gesamte Gebiet um die höchste Erhebung des Sauerlandes, den fast 842 Meter hohen Kahlen Asten, ist ein echtes »Ganzjahresfreizeitgebiet«. Als Ausgangspunkt ist der Wohnmobilpark ideal für Radtouren und Wanderungen auf dem nur 500 Meter entfernten Rothaarsteig, der im Sommer Wanderern und Radfahrern aller Leistungsklassen die richtige Herausforderung bietet. Einer der Wanderwege führt auf einem sechs Kilometer langen Rundweg zur Zwistmühle. Von der Tourist-Information in Neuastenberg geht es am Gerkenstein entlang Richtung Langewiese. Auch für Radfahrer ist ein Rundweg zu empfehlen, der direkt beim Kahlen Asten startet. Einfach ab der Hinweistafel dem Radweg R 18 um den Kahlen Asten bis nach Westfeld folgen – und wieder zurückradeln.

Abschließend ist zu sagen, dass in dieser absoluten Naturlage sehr viel Abwechslung herrscht und man sein Programm bei jeder Wetterlage individuell gestalten kann.

INFOS

WOHNMOBILPARK WINTERBERG

Neuastenberger Str. 4a, 59955 Winterberg-Neuastenberg, Tel. 02981/5088000, www.wohnmobilpark-winterberg.de

GPS: 51.159389, 8.483417

KOSTEN PRO ÜBERNACHTUNG: 100 Stellplätze zwischen 14 und 17 € für 2 Personen inkl. Ver- und Entsorgung, WLAN, WC- und Waschraumnutzung , zusätzliche Personen: Erwachsene 3 € bzw. Kinder 2 €/Nacht

GEÖFFNET: ganzjährig, telefonische Anmeldung erbeten, Reservierung per E-Mail möglich, Stellplätze am Anreisetag ab 15 Uhr frei, Abreise bis 12 Uhr

SONSTIGES: Kurabgabe: 1,95 €/Person, Strom: 0,70 €/kWh, Frischwasser: 0,10 €/10 l, Duschen: 1 €/4 Min., Heißwasser am Geschirrspülplatz: 0,50 €, Waschmaschine und Wäschetrockner: je 2,50 €

TIERE: Hunde erlaubt, 1,50 €/Nacht

TOURIST-INFO: Tourist-Info Neuastenberg, Winterberger Str. 9, 59955 Winterberg-Neuastenberg, Tel. 02981/565, www.neuastenberg.de

KULINARISCHES: ganzjähriger Brötchenservice, Gasthof zur Post, Winterberger Str. 10, 59955 Winterberg-Neuastenberg, www.zurpost-bremerich.de

SEHENSWERT: Kahler Asten

9 NATURCAMPING IM NEERDARTAL

Das Ende des Hochsauerlandes

Wenn Sie mit dem Begriff Naturcamping nicht so wirklich etwas anfangen können, folgen Sie uns nach Bömighausen im Nordwesten von Hessen. In den Ausläufern des Hochsauerlandes liegt der Campingplatz am Bahrenberg im Neerdartal.

Hier finden Sie niemanden an der Rezeption, keinen Zaun, sondern einfach nur Natur! Auf den ersten Blick könnte man meinen, die Zeit sei hier ein wenig stehen geblieben. Aber vielleicht passt der moderne Ausdruck »Back to the Roots« doch besser und beschreibt die sympathische, kleine, familiär geführte Campinganlage am Bömighäuser Kleinsee gerade richtig. Von den 70 Plätzen sind 20 immer für durchreisende Gäste frei. Mit dem Wohnmobil ist es überhaupt kein Problem, ein nettes Plätzchen für sich zu finden. Das mittig platzierte Sanitärgebäude bietet den heutigen Standard und einen Einwurf für die berühmte Duschmünze sucht man auch vergeblich – das nennt man wohl echten Fortschritt! Für die Ver- und Entsorgung der mobilen Gäste ist gesorgt und kein Stromanschluss liegt weiter als 15 Meter vom Stellplatz entfernt. Frisches Wasser steht an Entnahmestellen zur Verfügung.

EINGEBETTET ZWISCHEN NATURPARKS

Für Kinder ist das gesamte Umfeld ein riesiger Spielplatz. Auch Hunde sind willkommen. Da die Stellplätze über mehrere Terrassen angelegt sind, hat man von fast überall einen schönen Blick auf den kleinen See nebenan. Hier befindet man sich am östlichsten Zipfel des Willinger Uplands im Hochsauerland. Der Einstieg zum Uplandsteig liegt nahe. Der Naturpark Diemelsee fängt kaum zwei Kilometer nördlich des Campingplatzes an. Die Bundesstraße 251 ist ebenfalls nur wenige hundert Meter entfernt, doch durch die dichten Bäume und den niederen Bewuchs ist sie weder zu sehen noch störend zu hören. Tatsächlich könnte man meinen, hier sagten sich wie im Sprichwort Hase und Fuchs gute Nacht. Der kleine See zum Baden und Angeln sowie die Grillhütte sind die Highlights des Platzes und komplettieren ein Angebot, das

Hier ist immer ein Plätzchen für Wohnmobile.

für einen entspannten Urlaub alles bereithält. Für Naturliebhaber und Familien mit Kindern aller Altersklassen kann man sich hier innerhalb kürzester Zeit ein Stück vom Paradies erschließen, in dem man sich ganz individuell rundum wohlfühlen kann.

Manchmal organisieren die Betreiber, Familie Trachte, einen netten Grillabend mit hessischen Spezialitäten am Lagerfeuer, der von vielen Gästen sehr gerne angenommen wird. Alternativ ist der Gasthof Ritter im nahen Bömighausen wärmstens zu empfehlen. Vom oberen Ende des Campingplatzes sind es gerade einmal 800 Meter zu Fuß bis zur Dorfstraße, an der er liegt. Es gibt eine wechselnde, kleine aber feine Speisekarte mit bodenständigem Essen aus der Region.

Für alle, die das Bedürfnis nach etwas mehr Zivilisation haben, gibt es Sehenswürdigkeiten, die man entweder zu Fuß, mit dem Fahrrad oder öffentlichen Verkehrsmitteln erreichen kann. Dazu gehört zum Beispiel das Wahrzeichen von Willingen, die Mühlenkopfschanze im idyllischen Strycktal. Diese Schanze hat eine lange Tradition, seit 1995 ist sie Austragungsort des Weltcup-Skispringens. Jahr für Jahr ist das Sport-Spektakel mit den besten Skispringern der Welt ein absolutes Highlight im Weltcupkalender. Die Schanze und der Absprungbereich sind ganzjährig zu besichtigen. Danach, so viel sei vorausgenommen, wird man die Leistungen der Skispringer aus ganz anderer Perspektive würdigen! Außerdem führt ab dem Campingplatz ein wunderschöner Wanderweg nach Usseln zum Upländer Milchmuseum. Zurück geht es dann bequem mit dem Bus.

Ortskern Böminghausen

INFOS

CAMPINGPLATZ AM BAHRENBERG

Hildegard Trachte, An der Neerdar 10, 34508 Willingen-Bömighausen, Tel. 05632/1044, www.camping.boemighausen.de

GPS: 51.277730, 8.760370

KOSTEN PRO ÜBERNACHTUNG: 70 Stellplätze ab 7 €, Kinder ab 14 Jahre 6 €, Kinder von 4–14 Jahren 5 € inkl. Ver- und Entsorgung und Nutzung der Sanitäranlagen, Strom: 3 €, Nebensaison günstiger

GEÖFFNET: ganzjährig, Saison- und ganzjährige Stellplätze buchbar

SONSTIGES: Touristiksteuer: 1 €/Person, Frischwasser, Sanitäranlagen gratis, Internetzugang nach Absprache

TIERE: Hunde erlaubt, 2 €/Übernachtung

TOURIST-INFO: Tourist-Information Willingen, Am Hagen 10, 34508 Willingen (Upland), Tel. 05632/9694353, www.willingen.de

KULINARISCHES: Grillplatz, Gasthof Ritter, Dorfstr.7, 34508 Willingen-Bömighausen, Tel. 05632/5268, www.ritter-gasthof.boemighausen.de

SEHENSWERT: Upländer Milchmuseum, Korbacher Str. 6, 34508 Willingen-Usseln, Tel. 05632/922222, www.muhseum.de

10 WOHNMOBILSTELLPLATZ JACHTHAFEN »MOSELHERZ«

Der Moselhafen von Pölich

Noch vor 15 Jahren luden die Gemeinden entlang des Flusslaufes der Mosel die Wohnmobiltouristen mit schönen kleinen Plätzen zum Bleiben ein. Heute protzen Wohnmobilhäfen mit bis zu 300 Stellplätzen und buhlen um die Gunst der Kunden mit den »rollenden Hotels«. Aber dennoch lohnt sich ein Besuch, denn die Gegend ist nach wie vor fantastisch, und lockt mit wahren Logenplätzen am Wasser.

Trotz der jüngsten Entwicklungen kommen viele Gäste nach wie vor immer wieder gerne hierher, ganz zu recht. Denn die einmalige Landschaft, die lieblichen Ortschaften und die herzliche Art ihrer Menschen locken nicht umsonst jährlich Millionen von Touristen, auch aus Übersee, nach Rheinland-Pfalz. Manch Amerikaner kommt sich hier vielleicht fast vor wie in Disney-Land, da er gar nicht glauben kann, dass diese märchenhafte Gegend hier vollkommen real ist.

Näher ans Ufer geht nicht!

Schön, dass wir noch einen der Plätze präsentieren können, an dem noch viel Ursprüngliches erhalten ist und nicht die Modernisierung der Sanitäranlagen im Vordergrund steht, sondern der Wohlfühlfaktor und das Erlebnis. Eines gleich vorweg: Näher ans Wasser geht nicht. 20 Kilometer nordöstlich von Trier erwartet uns der Jachthafen von Pölich, den man bei der Anfahrt bereits rechts im Tal erkennen kann. Die Anmeldung erfolgt oben bei der Zufahrt an der Winzergenossenschaft Moselherz, dann fährt man weiter zu den 40 Stellplätzen, die in zwei Terrassen angelegt sind. Der mit Schotterrasen gebaute Platz lässt sich auch mit großen und schweren Wohnmobilen gut befahren. Von hier hat man einen tollen Blick über den Hafen auf die Mosel. Das eigentliche Highlight sind allerdings die weiter unten liegenden Plätze, die sich direkt an der Uferkante befinden. Hier befindet sich sogar eine sehr einladende Ter-

rasse auf dem Wasser, mit fest installierten und überdachten Tischen und Bänken. Besonders in der Vor- und Nachsaison bekommt man eigentlich immer einen dieser begehrten »Logenplätze«. Diesen Wunsch gleich bei der Anmeldung zu äußern, ist der einfachste Weg, auf Nummer sicher zu gehen.

Schräg oberhalb befindet sich die Campinganlage, die zum größten Teil von Dauercampern genutzt wird. Die Gastronomie hat eine schöne Außenterrasse mit herrlichem Blick auf die Moselschleife bei Pölich. Gegen eine geringe Gebühr kann man bei Bedarf auch die Duschanlagen des Campingplatzes nutzen. Frische Backwaren erhält man hier morgens schon ab 07.30 Uhr! Durch die Lage in der Sackgasse und den Abstand zur oben vorbeiführenden Straße ist es nachts für Moselverhältnisse angenehm ruhig.

AUF ZUR RÖMISCHEN VILLA

Eine abwechslungsreiche Fahrradstrecke führt vom Platz ins benachbarte Mehring. Auf der anderen Seite der Mosel, die man hier bequem auf der Brücke überqueren kann, lohnt es sich, den Schildern zur Villa Rustica zu folgen, einem römischen Gutshof, der in der ersten Hälfte des zweiten Jahrhunderts nach Christus errichtet wurde. Er liegt an der Römischen Weinstraße. Die Villa ist ein geschütztes Kulturdenkmal und ein willkommener Punkt für eine erste Rast. Hier oben befindet sich ein kleines Café. Eine schöne Übersichtskarte zeigt die weiterführenden Wege in die Berge oder wieder an die Mosel zurück an. Sehr zu empfehlen ist die Weiterfahrt zum »Fünfseenblick Aussichtsturm«, wo man mit einer spektakulären Aussicht belohnt wird. Von dort geht es bergab ein Stückchen in nördlicher Richtung nach Detzem, wo man einfach dem Moselufer bis Thörnich folgt und dort die Brücke über den Fluss nimmt. Jetzt sind es über Ensch und Schleich nur noch fünf Kilometer bis zum Hafen nach Pölich. Wenn man erst nach 17 Uhr zurückkehrt, sollte man unbedingt in den Kanzlerhof einkehren. Das Schieferhaus aus den 1920er-Jahren ist einfach sehenswert und Familie Schömann bewirtet die Gäste gerne in ihrer Weinstube mit Straußwirtschaft. Herr Schömann bietet außerdem Besichtigungen seines tollen Weinkellers an und nimmt Interessierte mit zu einer Weinwanderung!

Grandiose Blicke in die Moselbucht

INFOS

WOHNMOBILSTELLPLATZ JACHTHAFEN »MOSELHERZ«
Hauptstraße 1, 54340 Pölich, Tel. 06507/4205

GPS: 49.793333, 6.850000

KOSTEN PRO ÜBERNACHTUNG: 40 Stellplätze ab 7 €, Ver- und Entsorgung

GEÖFFNET: ganzjährig, Reservierung möglich

SONSTIGES: Strom: 0,50 €/kWh, Duschen: gegen Gebühr auf dem Campingplatz, Tipp: Es gibt direkt am Bootsanleger 6 Stellplätze, direkt am Ufer mit Bänken auf Wasserterrasse (verfügbar in der Vor- und Nachsaison)

TIERE: Hunde erlaubt

TOURIST-INFO: Tourist-Information Mehring, Bachstraße 47, 54346 Mehring, Tel. 06502/1413, www.poelich-online.de

KULINARISCHES: Weingut Kanzlerhof, Familie Schömann-Kanzler, Hauptstr. 23, 54340 Pölich, Tel. 06507/4236, www.kanzlerhof.de

SEHENSWERT: Villa rustica in Mehring, www.mehring-mosel.de/mosel-erleben/sehenswertes-in-mehring/

11 ERHOLUNG IN IRREL AN DER PRÜM

Südeifel – kurz vor Luxemburg

Die dünne Besiedlung und unverfälschte, intakte Natur sind die Pfründe, mit der der Naturpark Südeifel im Grenzland zu Luxemburg wuchert. Tiefe Taleinschnitte mit wilden Bächen und Felspartien durchziehen das sanftwellige Plateau. Direkt an der Prüm gibt es wunderschöne Stellplätze mit Wasserblick.

Nur etwa vier Kilometer sind es vom kleinen Örtchen Irrel an der Prüm zur Grenze nach Luxemburg bei den beiden Grenzorten Echternacherbrück und Echternach. Der Campingplatz Südeifel ist mit seiner Ortsrandlage direkt am Ufer der Prüm eine Destination, der die Worte Erholung und Entspannung unübersehbar auf den Leib geschrieben sind. Der Luftkurort Irrel im Naturpark Südeifel bietet neben der grandiosen Natur mit ausgedehnten Wäldern, weitläufigen Wanderpfaden, wuchtigen Felsschluchten und den bekannten Wasserfällen der Prüm auch viele Freizeitmöglichkeiten wie Wandern, Radfahren, Kanusport, Reiten, Angeln, Klettern, Schwimmen und Golf. Schlösser und Burgen laden den Besucher zu einer Reise durch die vergangenen Jahrhunderte ein. Man kann vielerorts sogar den Spuren von Römern und Kelten begegnen.

Natur ist hier Programm.

Die Sonne liegt fast ganztägig über dem schönen Gelände des Campingplatzes und lädt zum Faulenzen, Lesen oder Grillen ein. Für die Kinder sorgen ein toll angelegter Spielplatz, die Prüm als Badespaß und ein kleiner Streichelzoo für Abwechslung. Die über 50 Stellplätze verteilen sich vor allem am Flusslauf und sind wunderbar aufgelockert, sodass hier jeder Gast seinen Ruheraum findet. Stromsäulen und Wasserentnahmestellen sind auf dem Platz strategisch günstig verteilt. Die Fahrwege und Stellplätze sind gut befestigt und lassen sich auch von großen Wohnmobilen ohne Komplikationen ansteuern. Eine besondere Auszeichnung verdient der neue Sanitärbereich. Selbst bei kalter Witterung sorgt dort die Fußbodenheizung für ein wohliges Klima. Einen Münzeinwurf für die Dusche werden Sie vergeblich suchen – na, geht doch! In der langen Vor- und Nachsaison werden

nahezu alle Campingkarten akzeptiert und zwei Personen übernachten inklusive Strom schon ab 15 €.

NATURPARK FÜR AKTIVE

Für alle Radfans ist der Stellplatz eine unmittelbare Schnittstelle der Deutsch-Luxemburgischen 5-Täler-Tour, die auf gut ausgebauten Radwegen durch Deutschland und Luxemburg führt. Für Wanderer ist das Müllerthal in der kleinen Luxemburger Schweiz schon fast ein Muss! Die Wegeführung ist so beeindruckend, dass man eigentlich gar nicht genug bekommen kann.

Unser Tipp: Mit dem Fahrrad oder dem Bus nach Echternach fahren und dort den Bus nach Berdorf nehmen. In der Ortsmitte bei der Kirche sieht man schon die Hinweise zum Müllerthal Trail. Einer der spektakulären Felsenabschnitte – unter anderem durch die Wolfsschlucht – führt sehr steil bergab wieder zurück nach Echternach, wo man sich wunderbar in einem der Lokale mit einem leckeren Essen belohnen kann und sich bestimmt noch lange über die gerade erlebte Tour unterhalten wird! Wer nicht so weit unterwegs sein möchte, macht vielleicht einen Ausflug zum Naturparkzentrum Teufelsschlucht. Mit Fahrrad benötigt man vom Campingplatz aus ca. 20 Minuten. Sehr schön verbinden kann man auch eine Tour von den Irreler Wasserfällen zur Teufelsschlucht. Hierzu steuert man erst die Wasserfälle an (ebenfalls eine Fahrt von ca. 20 Minuten), um dann anschließend quer durch den Wald in weiteren rund 20 Minuten zur Teufelsschlucht zu kommen. Der Weg ist hervorragend ausgeschildert und der Campingplatz hält dazu eine kostenlose Umgebungskarte bereit. Hier hat man auch die Gelegenheit, eine schöne Rast einzulegen.

Für den Abend bietet sich ein Gang in den südlichen Ortsteil von Irrel an. An der Brücke sieht man ein Hinweisschild zur Pizzeria da Toni, wo die Steinofenpizza sehr zu empfehlen ist. Hier treffen sich viele Einheimische – immer ein gutes Zeichen!

Der Campingplatz eigene Streichelzoo

INFOS

CAMPINGPLATZ SÜDEIFEL
Hofstraße 19, 54666 Irrel, Tel. 06525/510, www.camping-suedeifel.de

GPS: 49.842119, 6.457344

KOSTEN PRO ÜBERNACHTUNG: über 50 Stellplätze ab 6 € in der Vor- und Nachsaison, ab 7,50 € in der Hauptsaison, Personen ab 15 Jahre: 4,50 bzw. 5,50 €, Kinder (4–14 Jahre): 3 bzw. 3,50 €, Strom: 2 €, inkl. Ver- und Entsorgung, Benutzung der Sanitäranlagen

GEÖFFNET: ganzjährig, kostenlose Reservierung möglich

SONSTIGES: Kurtaxe (ab 16 Jahre): 1 €, schöne Sanitäranlagen, Rabattkarten (z. B. CampingCard ACSI) in der Vor- und Nachsaison akzeptiert, viele Angebote für Kinder, WLAN 1 €/Tag bzw. 6 €/Woche

TIERE: Hunde erlaubt, 2 € pro Tag

TOURIST-INFO: Tourist-Information Irrel, Niederweiser Str. 31, 54666 Irrel, Tel. 06525/9339350, www.felsenland-suedeifel.de

KULINARISCHES: Pizzeria Da Toni, Karthausstr. 6; 54666 Irrel, Tel. 06525/9337399, Leckere Steinofenpizza ab 6 €

SEHENSWERT: Naturparkzentrum Teufelsschlucht, GPS: 49.846975, 6.435172, www.teufelsschlucht.de, Irreler Wasserfälle, GPS: 49.857464, 6.444347

12 WOHNMOBILHAFEN AM KRÄNCHEN

Die Lahnmündung lädt ein, zu bleiben

Wo die Lahn in den Rhein mündet, stehen Sie in erster Reihe. Ab hier starten traumhafte Routen für Radfahrer, Wanderer und Entdecker. Oder Sie machen eine romantische Burgenreise mit dem Schiff auf dem Rhein ins Tal der sagenhaften Loreley. Der Wohnmobilhafen »Zum Kränchen« macht es möglich.

Auf einem ehemaligen Fußballfeld, direkt am Ufer der Lahnmündung in den Rhein, empfängt die Besucher seit einiger Zeit dieser Wohnmobilhafen mit 60 großzügigen Stellplätzen, an denen man bequem die komplette Campingausrüstung zum Einsatz bringen kann. Sanitäranlagen stehen in einer sauberen und verkleideten Containeranlage gegen Gebühren bereit. Münzstromsäulen sorgen bei Bedarf für die nötige Energie. Viel Platz und das sanfte Rauschen des Rheins mit Blick auf Schloss Stolzenfels – das ist schon sehr beeindruckend. Zwei befestigte Fahrspuren führen im Kreis an den markierten Einstellbuchten vorbei. Das ehemalige, gut dränierte Fußballfeld ist auch bei Nässe ein optimaler Untergrund. Neu gepflanzte Bäume, Sträucher und Hecken werden dem Platz in den nächsten Jahren einen ganz anderen Charakter verleihen. Schön ist, dass neben der Stellplatzgebühr von 11 € für 24 Stunden inkl. aller Personen nur das zu Buche schlägt, was zusätzlich in Anspruch genommen wird. Die Lage mit dem dahinter liegenden Park und dem riesigen Spielplatz komplettieren das reichhaltige Angebot. An der Uferpromenade entlang erreicht man außerdem die Altstadt Lahnsteins zu Fuß in nur acht Minuten.

Viel Platz am »Kränchen«, im Hintergrund Schloss Stolzenfels

AUF ZUM MYTHOS LORELEY

Sehr entspannend ist eine Rheinfahrt durch das Mittelrheintal bis zur Loreley. Sollten Sie dies übrigens noch nicht gemacht haben, dann gibt es da eigentlich gar nichts zu überlegen. Denn vom Schiff aus haben Sie ein einmaliges Panorama und eine ganz andere Sicht auf die Dinge, die wie in einem Kinofilm an Ihnen vorbeilaufen! Stellen Sie sich vor, dass Tausende Urlauber aus ganz Europa und Übersee viel Geld in ihren Urlaub investieren, um dieses einmalige Erlebnis zu genießen. Wir haben es hier zum Greifen nahe.

Ein weiteres Highlight befindet sich in nur vier Kilometer Entfernung: der Einstieg zur Ruppertsklamm. Eigentlich kennt man so etwas nur aus den Alpen bei Oberstdorf oder Garmisch-Partenkirchen. Hier lohnt sich der Besuch dieser Klamm ebenfalls – ein wunderbarer Ausflug. Wer schon einmal in einer Klamm unterwegs war, weiß, welch spannende Mischung es zwischen Wandern und Abenteuer-Erleben geben kann. Auch die Ruppertsklamm hat hier für das Auge und die Sinne einiges zu bieten. Wer nicht nur wandert, sondern auch gern klettert, findet hier sogar eine kleine Herausforderung, die aber trotzdem jeder meistern kann.

Für den Abend kann man getrost das »Wirtshaus an der Lahn« ans Herzen legen. Es ist nur fünf Minuten vom Stellplatz entfernt, direkt an der Lahnpromenade. Es bietet Gaumen- und Augenschmaus zugleich. Seine traditionsreiche Geschichte ab dem Jahr 1348 kann man auf den ersten Seiten der Speisekarte nachlesen. Am 18. Juli 1774 soll sogar Goethe extra sein Schiff verlassen haben, um hier ein Mittagsmahl einzunehmen! Besonders an einem lauen Sommer- oder Herbstabend ist der Aufenthalt im Biergarten ein Labsal für die Seele.

Und am nächsten Morgen könnte man entweder den Brötchenservice nutzen, oder man geht ungefähr auf gleichem Weg bis zum Zollhaus, nimmt dann die Treppen zur Stadt und trifft auf die Bäckerei Kugel. Diese wurde 2015 von Johann Lafer zur besten Bäckerei Deutschlands gekürt. Versprochen: An diesem Morgen werden Sie nicht nur mit der Zeitung und den Brötchen zum Wohnmobil zurückkehren!

Hier ging schon Goethe vor Anker, Wirtshaus an der Lahn.

INFOS

WOHNMOBILHAFEN AM KRÄNCHEN

Johannesstraße 41, 56112 Lahnstein, Tel. 0171/8309646, www.wohnmobilhafen-lahnstein.de

GPS: 50.309167, 7.598333

KOSTEN PRO ÜBERNACHTUNG: 60 Stellplätze für 11 € inkl. Entsorgung, nur Barzahlung

GEÖFFNET: ganzjährig, keine Reservierungen

SONSTIGES: Duschen: 1 €/3–4 Min., Wasser: 1 €/100 l, Strom: 0,50 €/kWh, Benutzung des Sanitärbereichs gratis, Minigolf und Abenteuerspielplatz in der Nähe, Autovermietung

TIERE: Hunde erlaubt, Leinenpflicht

TOURIST-INFO: Tourist-Info Lahnstein, Kirch-straße 1, 56112 Lahnstein, Tel. 02621/914171, www.lahnstein.de

KULINARISCHES: Brötchenservice, Wirtshaus an der Lahn, Lahnstraße 8, 56112 Lahnstein, Tel. 02621/6279670, Bäckerei Kugel, Brückenstr. 11, 56112 Lahnstein, www.kugels-backwelt.de

SEHENSWERT: Ruppertsklamm am Rheinsteig, www.ruppertsklamm.de

13 WEINGUT GEHRING IN NIERSTEIN

Ein gutes Glas Wein mit Blick auf die Frankfurter Skyline

Mitten in den rheinhessischen Weinbergen liegt das Weingut von Diana und Theo Gehring, wo Sie für Wohnmobilfahrer ein wahres Kleinod geschaffen haben. Über die Weinreben hinweg sieht man sogar die Skyline von Frankfurt – zum Wohl!

Herrliches Fleckchen inmitten der Weinberge

Die Fahrt auf der B 9 am Rhein entlang Richtung Mainz ist bereits ein Erlebnis. Knapp 20 Kilometer vor Mainz liegt der Ort Nierstein. Direkt hinter dem Ortseingang biegt man links ab und folgt der gut beschilderten Straße zum Wohnmobilstellplatz »Liebeshügel« am Weingut Gehring. Fast könnte man meinen, wir wären in Italien. Die Zufahrt zum Weingut ist mit Zypressen gesäumt, bunte Blumen quellen aus Tonkrügen und tönerne Statuen zieren die Einfahrt. Die Wohnmobilisten werden auf angenehm mediterrane Art begrüßt! Der Stellplatz selbst, hinter dem Gebäude mitten zwischen den Reben, ist beeindruckend. Ebene Plätze sind in einem Halbrund entlang der Reben eingerichtet. Der Ausblick ist wirklich grandios! Er erstreckt sich über das Rheintal hinweg bis hinüber zur Skyline von »Mainhatten«, die am Horizont noch sichtbar ist. 30 Stellplätze auf Schotterrasen mit Strom stehen zur Verfügung. Toilette und Dusche befinden sich im Weingut. Kinder und Hunde sind ebenfalls herzlich willkommen. Platz zum Spielen und Toben ist vorhanden.

TOSKANA-FLAIR UND FEINSCHMECKER-KÜCHE

Vor allem zur Herbstzeit ist ein Gang durch die vom leichten Nebel durchzogenen Weingärten ein absolutes Muss. In der Toskana könnte es nicht besser sein. Das Weingut selbst ist ein Eldorado für Weinliebhaber

und Feinschmecker. Gehrings Weinwirtschaft »Vinivita« steht im Gault Millau und ist vom Feinschmecker ausgezeichnet. Aber keine Angst vor großen Namen: Das Restaurant bietet frisch zubereitete, regionale Gerichte zu guten Preisen an. Eine kleine, feine Außenterrasse lädt nicht nur die Camper, sondern auch Radler und Wanderer zum Verweilen ein. Wie es sich für ein Weingut gehört, werden hier natürlich auch Weinproben angeboten. Winzerfrühstück, Kellerbesichtigungen, weinhaltige Veranstaltungen mit Musik, Brotbackkurse und vieles mehr machen die Palette komplett. Noch mehr Spaß und Vergnügen bringt außerdem eine Planwagen-Tour durch die Weinlagen. Reichlich Snacks, Wein und andere Getränke werden dazu gereicht. Ein prall gefüllter Picknickkorb rundet dieses Vergnügen ab.

Der Ort Nierstein liegt entlang des Rheinufers und ist ein kleines, feines Örtchen. Ein Bummel über den mittelalterlichen Marktplatz mit seinen Adelshäusern, ein Besuch im paläontologischen Museum oder des Fronhofs mit der Umfassungsmauer aus der Karolinger-Zeit sowie der ältesten Schmiede Rheinhessens sollten nicht fehlen. Radeln und Wandern auf dem Rheinterrassen-Weg ist auch für nicht so sportlich ambitionierte Mobilisten toll. Der Wanderweg ist 60 Kilometer lang und verläuft immer entlang der Rheinebene zwischen Worms und Mainz. Parallel dazu fährt die Bahn. So ist es möglich, bequem mit der Bahn nach Nierstein zurückzufahren. Eine Sache sollte man sich jedoch nicht entgehen lassen: die Erlebnisschleife des Weges, die nach Schwabsburg führt. Der Schlossturm – ein imposantes Bauwerk, das aus der Zeit der Staufer erhalten geblieben ist – bietet einen atemberaubenden Blick über das rheinhessische Hügelland.

Marktplatz Oppenheim

INFOS

WOHNMOBILSTELLPLATZ WEINGUT GEHRING

Außerhalb 17 (B 420), 55283 Nierstein, Tel. 06133/5470, www.mobilstellplatzinnierstein.de

GPS: 49.856236, 8.325142

KOSTEN PRO ÜBERNACHTUNG: 30 Stellplätze für 15 € inkl. Entsorgung und Frischwasser (bei Weinkauf ab 12 Flaschen 1. Übernachtung gratis), Strom: 3 €

GEÖFFNET: ganzjährig, Reservierung möglich

SONSTIGES: Duschen: 1 €/6 Min. bzw. 5 €/Tag, Müll: 1 €, Wäsche nach Aufwand

TIERE: Hunde erlaubt, 1,50 €/Nacht

TOURIST-INFO. Tourist Information Nierstein, Bildstockstraße 10, 55283 Nierstein, www.nierstein.de

KULINARISCHES: Brötchen- und Zeitungsservice

SEHENSWERT: Rheinterrassen-Weg, Wandern und Radfahren in der Rheinebene, www.rheinterrassenweg.de

14 PÜNDERICH AN DER MOSEL

Viel Platz für Mensch, Tier und Erholung

Weit weg von der Hauptstraße, vor sich die Weinberge, eine große Wiese für den Hund und ein riesiger eingezäunter Spielplatz für die Kinder, Blick auf die Mosel und die hoch gelegene Marienburg, hinter sich der Moselradweg. So präsentiert sich der Wohnmobilstellplatz Pünderich!

Und dieser schöne Platz soll diesem Buch nicht vorenthalten werden, denn Pünderich und seine knapp 850 Einwohner gehörten zu den ersten, die ihre Wohnmobil fahrenden Gäste an der Mosel willkommen hießen. Trotz der benachbarten Campingplätze finden hier bis zu 80 Wohnmobile von Besuchern Platz, die kommen, um den Ort und seine wunderschöne Umgebung zu genießen. Pünderich ist ein Winzerort wie aus dem Bilderbuch. Fachwerkidylle und Romantik pur bietet das Dörfchen seinen Besuchern und Urlaubsgästen. Die Moseluferstraße führt landseitig vorbei, sodass der Ort tatsächlich direkt an der Mosel liegt und nicht durch Durchgangsverkehr von der Flusslandschaft getrennt wird. Die wunderschöne Moselpromenade mit weitläufigen Wiesen und Nussbaumalleen bietet Platz, um die Seele baumeln zu lassen, aber auch um sportlich aktiv zu sein. Im historischen Ortskern wurde eine Vielzahl von stilvollen, jahrhundertealten Fachwerkbauten kunstvoll restauriert, sodass der Ort als Ganzes schon eine echte Sehenswürdigkeit darstellt. Hier kann man auf eindrucksvolle Weise die Fachwerk-Entwicklung von Anfang des 16. bis zum Ende des 18. Jahrhunderts verfolgen oder sich auch einfach nur von der Schönheit alter Baukunst verzaubern lassen.

DAS SCHÖNE IM EINFACHEN FINDEN

Der Stellplatz präsentiert sich bis heute in seiner ganzen Einfachheit. Eine geschotterte Zufahrt mit großer Wendeschleife und eine

Blick auf Pünderich

große Wiesenfläche, die mittlerweile parzelliert wurde – das ist alles. Mittlerweile gibt es einen Stromkasten mit 20 Anschlüssen, der am Abend beim Kassieren durch den Gemeindemitarbeiter mit 1,50 € extra berechnet wird. Für den Rest werden 9,50 € fällig. Für den Fall, dass man länger bleiben möchte, kann man gegen Bezahlung weitere Annehmlichkeiten des benachbarten Campingplatzes in Anspruch nehmen. Kostenlos ist die unendliche Freiheit, die man hier mit der ganzen Familie genießen kann. Ball spielen, nach Herzenslust unter der Markise grillen oder mit dem Hund um die Wette laufen.

Zur kleinen Moselfähre sind es gerade mal 500 Meter. Auf der anderen Seite steht man bereits inmitten der Weinberge und kann das größte Hangviadukt Europas der vorbeiführenden Eisenbahnstrecke aus nächster Nähe betrachten. Oben auf der Marienburg angekommen, entschädigt dann der spektakuläre Blick auf die Moselschleife. Wie ein Omega windet sich das Wasser durch die 14 Kilometer lange Flusskurve des Zeller Hamms, wie die Moselschleife auch genannt wird, an dem die Orte Alf, Bullay, Zell und natürlich Pünderich liegen. Von hier können sowohl Wanderer als auch Radfahrer über verschiedene Wege und Schleifen das Tal erreichen.

Wer trotzdem nach Größerem strebt, für den ist die nur sieben Kilometer entfernte Stadt Zell von der Marienburg aus über den Stadtteil Kaimt ebenfalls zu Fuß zu erreichen. Der gleichnamige Berg ist das Hochplateau, um das sich die Moselschleife schlängelt. Der Vorteil ist, dass es ab der Marienburg nur noch bergab geht. Von Zell fährt dann alle 45 Minuten der Regionalbus, der die Fußgänger wieder nach Pünderich bringt.

Ausflugsziel Marienburg auf den Gipfeln der Weinberge

Zurück im Ort ist für das leibliche Wohl das »Gasthaus Zur Marienburg« der Familie Burch zu empfehlen. Alle Fleischwaren werden hier selbst produziert. Eine schöne Aussicht begleitet das köstliche Essen, das immer frisch zubereitet wird.

Für den kleinen Hunger zwischendurch oder einfach für ein erfrischendes Gläschen gibt es im Ort gut ein Dutzend Straußwirtschaften. In der Zeit nach der Weinlese bietet sich vor allem ein Federweißer mit Zwiebelkuchen an. Wasser, Hügel, Burg und Wein – von Pünderich muss man Fan werden.

INFOS

WOHNMOBILSTELLPLATZ PÜNDERICH

Am Moselufer, 56862 Pünderich, Tel. 06542/900021

GPS: 50.043472, 7.125889

KOSTEN PRO ÜBERNACHTUNG: 80 Stellplätze für 9,50 € inkl. Wasser und Entsorgung

GEÖFFNET: ganzjährig, Reservierung nicht notwendig

SONSTIGES: Strom: pauschal 1,50 €, Entsorgung und Duschen gegen Gebühr am Campingplatz Marienburg

TIERE: Hunde erlaubt

TOURIST-INFO: Tourist-Information Pünderich, Raiffeisenstraße 3, 56862 Pünderich, Tel. 06542/900021, www.pünderich.de

KULINARISCHES: Brötchenservice, Gasthaus »Zur Marienburg«, Hauptstraße 32, 56862 Pünderich, Tel. 06542/2912, www.zur-marienburg.de, frisch zubereitete Speisen, Hauptgerichte ab 10 €

SEHENSWERT: Marienburg, Zell (Mosel), Europas längstes Hangviadukt

15 MOSEL CAMPING COCHEM

In der ehemals reichsten Stadt der Bundesrepublik

Die romantische Stadt Cochem zieht schon seit Jahrzehnten die Touristen an. Dafür sorgt allein schon die Landschaft. Die von steilen Berghängen umgebene Kleinstadt liegt an einer Flussschleife und wird überragt von einem markanten Bergkegel, von dem aus die Reichsburg auf sie herabblickt. Geprägt wird die Landschaft auch von der tiefen Waldschlucht der Endert.

Das Freizeitzentrum Mosel Camping Cochem liegt auf der östlichen Uferseite mit schönem Blick zur Stadt. In unmittelbarer Nähe befinden sich Einkaufsmöglichkeiten und das Moselbad, das in den Sommermonaten zu einer angenehmen Erfrischung einlädt. Alle Stellplätze ziehen sich, auf Lücke versetzt, entlang der Uferlinie, sodass man nahezu von überall einen guten Blick auf die Mosel hat. Die Plätze reichen bis an den Fluss und sind so angelegt, dass man mit der Markisenseite längs zum Wasser ausgerichtet steht. Selbstverständlich ist man hier ganz auf die Bedürfnisse von Familien eingerichtet, aber trotzdem kommen hier auch Ruhe und Entspannung Suchende voll auf ihre Kosten. Zwar kann es auch heute noch passieren, dass sich an einem sonnigen Wochenende Karawanen von Touristen durch die Stadt selbst bewegen, doch im Allgemeinen hat sich das Besuchsverhalten der Reisenden deutlich geändert und viele verlassen am späten Nachmittag die Stadt. Das heißt: Am besten plant man tagsüber das Programm woanders und sucht die Stadt erst auf, wenn es sich lohnt, die stimmungsvollen und romantischen Gassen ohne großen Trubel zu genießen. Die direkte Umgebung hat außerdem auch wirklich viel zu bieten. Unser Tipp ist eine geführte Wanderung durch die Weinberge. Erstens ist sie gar nicht teuer, zweitens erhält man dabei sehr interessante Informationen und drittens ist auch noch für eine schmackhafte Zwischenverpflegung gesorgt.

Cochem im »Indian Summer«

25 MILLIARDEN IM BUNKER

Aber warum war Cochem einmal die reichste Stadt Deutschlands? Im Jahr 1964 wurde von der deutschen Bundesbank unter zwei großen Villen, völlig unscheinbar in einem Wohnviertel, ein Bunker – oder vielmehr eine Bunkerfestung – in Betrieb genommen. Hier lagerten während der Zeit des Kalten Krieges sage und schreibe ganze 25 Milliarden D-Mark in einer Ersatzwährung, die bei einem Wertverlust der D-Mark durch eingeschleustes Falschgeld die deutsche Währung ersetzen sollte. Ein Besuch dieses Bundes-bank-Bunkers (ebenfalls auf der östlichen Moselseite gelegen) ist auf jeden Fall ein sehr außergewöhnliches und skurriles Erlebnis. Ein anderes sehenswertes Ziel ist die Reichsburg Cochem auf der westlichen Flussseite. Alle, die nicht wandern oder Rad fahren möchten, können sich bequem mit dem Bus dorthin befördern lassen. Die fast tausend Jahre alte Burg gilt als eine der schönsten Anlagen im gesamten Moseltal. Ein besonderes Angebot sind hier spezielle, interaktive Führungen für Kinder.

Ein weiteres Highlight des Aufenthaltes könnte eine Wanderung mit Anja Knevels von »Gangart« werden. Die ausgebildete Natur- und Landschaftsführerin liebt ihren Beruf, das merkt man bei jedem Schritt. Mit viel Herz und Charme führt sie die kleinen Wandergruppen kompetent durch ihre Heimat. Wandern wird ihnen lange nicht mehr so viel Spaß bereitet haben und Hunde dürfen auch mit. An jedem Tag der Woche gibt es ein anderes Motto. Die Preise beginnen bei 6,50 €.

Entspannung pur am Moselufer

INFOS

MOSEL CAMPING COCHEM

Stadionstraße 11, 56812 Cochem-Cond, Tel. 02671/4409, www.campingplatz-cochem.de

GPS: 50.157017, 7.173833

KOSTEN PRO ÜBERNACHTUNG: über 200 Stellplätze ab 15 €, 5,50 €/Stellplatz plus 7,50 €/Übernachtung für Erwachsene und 5,50 € für Kinder inkl. Ver- und Entsorgung

GEÖFFNET: Ostern–31. Oktober

SONSTIGES: Sanitäranlagen vorhanden, Waschmaschinen-/Trocknermarke: 1 €, Strom: 3 € plus 1,50 € Anschlussgebühr, WLAN vorhanden

TIERE: Hunde erlaubt, 3 €/Tag

TOURIST-INFO: Tourist-Info Cochem, Endertplatz 1, 56812 Cochem, Tel. 02671/60040, www.cochem.de

KULINARISCHES: Lebensmittelverkauf am Platz

SEHENSWERT: Gangart Wandern mit Anja Knevels, In der Märtschelt 1, 56812 Cochem, Tel. 02671/5502, www.gangart-wandern-mosel, Bundesbank Bunker Cochem, Am Wald 35, 56812 Cochem-Cond, Tel. 02671/9153540, www.bundesbank-bunker.de, Reichsburg Cochem, www.reichsburg-cochem.de, die Führung kostet 12 € bzw. 6 € für Kinder.

16 CAMPING IM KLINGBACHTAL

Billigheim-Ingenheim in der Südpfalz

Ruhe, Weite, Wald und Wein. Das alles findet man dort, wo sich der Klingbach durch Weinberge und saftige Wiesen schlängelt, wo sich der Blick zum nahen Pfälzer Wald und hinab zur Rheinebene öffnet. Dort befindet sich die größte Weinbaugemeinde der Pfalz: Billigheim-Ingenheim.

Wir befinden uns in einem Landstrich, den man nicht zu Unrecht die »Toskana Deutschlands« nennt. Schließlich lässt das milde Klima hier Feigen, Kiwis und Mandeln reifen. Sicherlich sollte man mit Superlativen immer etwas vorsichtig sein, doch wenn man von Norden her in diese Gegend fährt, wird man diese Beschreibung sicherlich nachvollziehen können. Als Standort für ein entspanntes, aber auch erlebnisreiches Wochenende bietet sich der Wohnmobilstellplatz bei »Camping im Klingbachtal« an. Er ist Richtung Ortsausgang im Grünen gelegen, in nur zehn Minuten ist man zu Fuß in der Ortsmitte von Ingenheim.

Den Besucher erwarten zwölf sehr gepflegte Plätze, die hervorragend befestigt sind und auch bei schlechtem Wetter selbst schwere Mobile tragen können. In der Stellplatzgebühr ist auch die Nutzung der Sanitäranlagen des Campingplatzes beinhaltet. Die Ver- und Entsorgung befindet sich zentral an der Einfahrt. Jeder Stellplatz verfügt über seine eigene Freifläche, sodass genug Platz für Markise, Fahrräder und Campingmöbel ist. Aufgrund des Standorts direkt vor dem Campingplatz erhält man morgens frische Brötchen und kann natürlich am Abend die gute Gastronomie dort nutzen. Wenn im Herbst die Zeit der Weinlese und -feste beginnt, kann es voll werden und es ist ratsam, einen Platz zu reservieren. Sollte man trotzdem Pech haben, bleibt noch die Möglichkeit, auf den Campingplatz auszuweichen.

LANDAU-LAND ERKUNDEN

Der Standort ist der ideale Ausgangspunkt für die Erkundung der Südpfälzer Weinlandschaft. Neben Heuchelheim-Klingen, Klingenmünster oder Bad Bergzabern ist auch die französische Grenze zum Greifen nahe. Die meisten Ziele lassen sich binnen weniger Ki-

Komfortable Stellplätze für jede Wetterlage

lometer bequem mit dem Rad oder auch in Wanderungen von bis zu zehn Kilometern erreichen. Machen Sie also Ihre Fahrräder startklar oder schnallen Sie sich den Rucksack um und erobern Sie mit uns eine der schönsten Kulturlandschaften Deutschlands. Die vielen Ortschaften mit wunderschönem Fachwerk sind immer einen Rundgang wert. Sehr aufgeräumt und gepflegt geht es zu, man fühlt sich in den Gassen einfach wohl. Die Zahl von Weingütern mit Straußwirtschaften ist außerdem sehr beeindruckend. Besonders nett anzuschauen sind die Innenhöfe. Wenn das Tor offen ist, dürfen Sie ruhig eintreten! Liebevoll gestaltete Blumenarrangements zieren Brunnen und Fenster, hier und da wird auch zum Kauf selbst gemachter Marmeladen, eingelegter Früchte, leckerer Tresterbrände und natürlich von Wein animiert. Aber Vorsicht, es soll Menschen geben, die solche Höfe erst Stunden später mit einem schiebenden Rad verlassen haben!

Damit Sie sehen, wie überzeugt die Gemeinden von sich sind, folgt ein kurzes Zitat von der Homepage von Klingenmünster: »Tatsächlich hat Klingenmünster wohl laut hier gerufen, als der Schöpfer die landschaftliche Schönheit verteilt hat!« Oberhalb dieses wahrlich schönen Ortes thront unser eigentliches Ziel: die Burg Landeck auf den Höhen des Pfälzer Waldes. Nach dem leichten Anstieg zur alten Festung geht es über die beeindruckende Brücke des elf Meter hohen Burgfriedes. Wenn man anschließend die Plattform in 23 Meter Höhe erklommen hat, eröffnet sich einer der spektakulärsten Ausblicke in das Tal der Pfälzer Ebene. Bei guten Wetterverhältnissen hat man hier eine Sicht bis zu den Erhebungen des Schwarzwaldes.

Wem jetzt noch nach etwas Bewegung ist, dem kann für die Rückfahrt der gut ausgebaute, 13 Kilometer lange Fahrradweg über Bad Bergzabern, Kapellen-Drusweiler und Niederhorbach mitten durch die Pfälzer Weingärten zurück ins Klingbachtal ans Herz gelegt werden.

Panoramablick von Burg Landeck über die Südpfalz

INFOS

CAMPING IM KLINGBACHTAL

Klingener Straße 52, 76831 Billigheim-Ingenheim, Tel. 06349/6145, www.camping-klingbachtal.de

GPS: 49.136389, 8.071944

KOSTEN PRO ÜBERNACHTUNG: 12 Stellplätze ab 9 €, Erwachsene (ab 15 Jahre): 8 €, Kinder von 4 bis 14 Jahre: 4 € inkl. Ver- und Entsorgung, Nutzung der Sanitäranlagen des Campingplatzes

GEÖFFNET: April–Oktober, Reservierung möglich

SONSTIGES: Strom 2,50 €/Tag, WLAN und Wasser gratis

TIERE: Hunde erlaubt, 3 €/Tag

TOURIST-INFO: Tourismus Landau-Land, Haus des Gastes, Hauptstraße 4, 76829 Leinsweiler, Tel. 06345/3531, www.ferienregion-landau-land.de

KULINARISCHES: Brötchenservice, Burgschänke auf Burg Landeck, 76889 Klingenmünster, Tel. 06349/8744

SEHENSWERT: Burg Landeck, die umgebenden Ortschaften

17 CAMPINGPLATZ SIERSBURG

Es muss nicht immer die Saarschleife sein

Die Gemeinde heißt korrekt Rehlingen-Siersburg. Rehlingen befindet sich an der Saar, Siersburg liegt an der Nied. Im Westen grenzt Rehlingen-Siersburg an das nur wenige Kilometer entfernte Frankreich. Mit seiner guten Verkehrsanbindung bietet es sich als Ausgangspunkt für viele Ausflüge an.

Von Norden kommend, führt uns der Weg an der Saar entlang, vorbei an der Saarschleife in Mettlach und über Merzig nach Rehlingen-Siersburg. Siersburg, zwischen Mettlach und Saarlouis gelegen, erhielt seinen Namen nach der gleichnamigen Burganlage. Auch der Campingplatz heißt schlicht und einfach »Campingplatz Siersburg«. Er liegt direkt an der Nied, einem Seitenarm der Saar.

Auf der gepflegten und weitläufigen Anlage stehen für Dauer- und Touristencamper mit Caravan, Zelten und Wohnmobilen rund 100 Stellplätze zur Verfügung. Man steht ohne Parzellierung auf einer großen Wiese, die komplett dräniert und somit gut befahrbar ist. Für alle Plätze werden Stromanschlüsse angeboten. Die Sanitäranlagen sind teilweise modernisiert, alle, auch die noch unsanierten, sind immer perfekt sauber. Auf dem Platz befindet sich das Restaurant & Bistro »Zum Niedwehr«. Hier kehren nicht nur Camper ein, die hervorragende Küche mit gutbürgerlichen Gerichten und regionalen Spezialitäten schmeckt auch Wanderern, Radfahrern und den Einheimischen. Zu den Anlagen des Campingplatzes gehören neben Tretbootverleih, Bouleplatz und Tischtennisplatten auch ein Platz für Ballspiele, ein Kinderspielplatz, eine große Liegewiese direkt an der Nied und ein behindertengerecht angelegter Angelplatz.

Der Campingplatz Siersburg wurde mehrfach im Rahmen des Wettbewerbes »Der vorbildliche Campingplatz in der Natur« im Saarland und deutschlandweit ausgezeichnet. Kurzum: ein wahres Familienparadies, an dem man Ruhe und Action in einem ausgewogenen Verhältnis genießen kann.

Eine Übernachtung im Wohnmobil mit zwei Personen kostet hier 18 €, der Hund zusätzliche 2 €.

Garantiert schöne Plätze

MIT DER BAHN ENTLANG DER SAAR UND NIED

In wenigen Gehminuten sind der Ort und der Bahnhof erreichbar. Auf dem Weg dorthin befinden sich die Niedtalhalle, Arztpraxen und eine Apotheke. Im Ort selbst gibt es alles, was der Camper benötigt: Bank, Post, Metzger, Bäcker, Supermarkt, Kneipe, Café und Eisdiele. Mehr Sehenswürdigkeiten hat Siersburg-»Ort« leider nicht zu bieten. Langeweile muss aber dennoch nicht aufkommen! Denn wer nun die Gegend mal nicht per Fahrrad oder zu Fuß erkunden möchte, ist hier am Bahnhof genau richtig. Es geht mit dem Zug z.B. über Dillingen bis nach Völklingen (die Völklinger Hütte ist Weltkulturerbe), Saarbrücken oder in die Porzellanstadt Mettlach. Mettlach ist auf alle Fälle eine Reise wert und hat noch viel mehr außer Saarschleife oder Porzellan-Outlet-Shopping zu bieten. Viele historische Bauwerke wie das imposante Abteigebäude aus dem 18. Jahrhundert mit seiner schönen Parkanlage, das Erlebniszentrum von Villeroy & Boch mit einem traumhaft schönen Café, ganz mit alten Fliesen verziert, oder der Alte Turm, Saarlands ältester Sakralbau (der auch als ältestes Gebäude des Saarlandes überhaupt gilt), laden ein, entdeckt zu werden. Hunger und Durst lassen sich im Mettlacher Abtei-Bräu bestens vertreiben.

Ein weiterer schöner Ausflug führt uns mit der Niedtalbahn über die Grenze ins nahe gelegene Frankreich, nach Bouzonville, der Partnergemeinde von Rehlingen-Siersburg. Die Strecke der Niedtalbahn wird beschrieben als Regionalbahnlinie zwischen Dillingen und Niedaltdorf, aber sie führt tatsächlich noch über die Grenze. Nach Dillingen gelangt man entweder mit dem Zug oder man nimmt den 6,5 Kilometer langen Weg über die Saar zu Fuß oder mit dem Rad. Bekannt und berühmt ist Bouzonville für seinen Karfreitagsmarkt: 400 Markthändler bieten dann verschiedenartigste Produkte an. Die Händler reisen teilweise von weither aus vielen Regionen Frankreichs an und verkaufen schmackhafte Produkte, Textilien, Schuhe, Schmuck, Möbel, Lederkleidung und vieles mehr. Dass man in Frankreich ist, lässt sich unschwer an der Vielfalt der angebotenen Käse- und Wurstsorten erkennen.

Das Vogelmonster von Mettlach

INFOS

CAMPINGPLATZ SIERSBURG

Zum Niedwehr 1, 66780 Rehlingen-Siersburg, Tel. 06835/2100, www.campingplatz-siersburg.de

GPS: 49.367322, 6.660478

KOSTEN PRO ÜBERNACHTUNG: ca. 100 Stellplätze für 8 €, Erwachsene (ab 16 Jahre): 5 €, Kinder von 4–10: 3 €, Kinder von 11–15: 4 €, Strom: 3 € /Tag

GEÖFFNET: April–Oktober

SONSTIGES: Duschen: 1 €, Waschmaschine/Trockner: 4 €, Ermäßigungen mit DCC, ADAC, ACSI und Campingcheck

TIERE: Hunde erlaubt, 2 €/Tag

TOURIST-INFO: Tourist-Information Mettlach, Freiherr-vom-Stein-Straße 22, 66693 Mettlach, Tel. 06864/8907999 www.tourist-info.mettlach.de, www.rehlingen-siersburg.de, www.voelklinger-huette.org

KULINARISCHES: Restaurant & Bistro »Zum Niedwehr«, Zum Niedwehr 1, 66780 Rehlingen-Siersburg, Tel. 06835/2100

SEHENSWERT: Mettlach, Bouzonville, Saarbrücken, Völklingen

First Class Unterkunft auf und am Main-Donau-Kanal

» SÜDDEUTSCHLAND

18 EIN STELLPLATZ VON DER HÖLL ZUM HIMMEL

Das Argental im Allgäu

Uns führt der Weg in das zehn Kilometer südwestlich von Isny gelegene Gestratz. Hier haben wir einen Termin mit Käsemeister Sigi Rist. Nur wenige Kilometer weiter erreichen wir über verschlungene Wege unser eigentliches Ziel: die Adresse »In der Höll« im Argental.

Eine interessante Führung in einer der zahlreichen Käsereien des Allgäus kann man hier nur wärmstens empfehlen. Dabei erfährt man zum Beispiel, dass man ganze zehn Liter Milch für die Herstellung von nur einem Kilogramm Alpkäse benötigt – da weiß man, warum es im Allgäu so viele Kühe gibt! Sigis Spezialität (man spricht sich hier sehr gerne mit »Du« an) ist der kleine 400-Gramm-Laib Alpkäse, der vor allem für den normalen Hausverbrauch praktisch ist. In der Baldauf Sennerei in Gestratz, in der Meister Rist tätig ist und regelmäßig von der DLG für seine Produkte prämiert wird, kann man alle Schritte der Produktion verfolgen. Dabei kann es jedoch durchaus passieren, dass man ins Schwitzen kommt und die »Kunststoffverkleidung« bei einer Luftfeuchtigkeit von geschätzten 110 Prozent langsam klebt. »Deshalb seien Käser selten übergewichtig«, bemerkt der Chef mit einem Lächeln.

FERIEN »IN DER HÖLL«

Wir verlassen den Ort in westlicher Richtung zur L 2378. Diese überqueren wir bei Altenberg, folgen einer verträumten Straße und einem Schild mit der Aufschrift »Badwirtschaft Malleichen«. Sie liegt direkt auf dem Weg zu dem eigentlichen Tagesziel, dem Ferienhof Maurus »In der Höll«. Ein Zwischenstopp bietet sich also sehr an. Hier im wunderschönen Argental befindet man sich genau an der Landesgrenze von Ba-

Campers Idylle im Argental

den-Württemberg und Bayern. Im Jahr 1522 wurde dieser Ort an den alten Gerichtseichen erstmals urkundlich erwähnt. Bis 1930 wurden im obersten Stockwerk des Gasthauses die Holzzuber vom Badwirt mit Wasser aus der eigenen Mineralquelle gefüllt, daher der Beiname »Badwirtschaft«. Hier gab es also »Wellness rustikal«. Es ist ein Fleckchen Erde, wie es im Bilderbuch nicht besser beschrieben sein könnte. Ob das Kegelhaus, das Gatter mit den Eseln, die urgemütlichen Gasträume, der Kinderspielplatz oder der mit viel Liebe angelegte Biergarten – hier ist einfach alles stimmig. Die Wirtsleute verwöhnen ihre Gäste mit raffiniert zubereiteten Gerichten aus der Allgäuer Küche und einem frischen Bier vom Holzfass. Dass die Zutaten hier aus der Region sind, versteht sich schon fast von selbst. Der besondere Tipp für alle Wohnmobilreisenden: Gerne dürfen zur Nacht, auf Nachfrage bei den Wirtsleuten, Wohnmobile am Parkplatz kostenlos verweilen. Aber psst, nicht weitersagen!

Wir fahren indes einen Kilometer weiter bis zu einer kleinen privaten Brücke über die Argen und sind am Ferienhof der Familie Maurus angelangt. Er ist ein wahres Paradies für Camper, die Ruhe suchen, und natürlich auch für Familien mit Kindern. Ewald Maurus nimmt Sie persönlich in Empfang und findet gemeinsam mit Ihnen das richtige Plätzchen. Man steht hier zwanglos und so, wie es passt, abgeteilte »Parzellen« sucht man vergeblich. Familiär geht es zu. Der Preis für ein Wohnmobil mit zwei Personen inkl. Strom beläuft sich auf angenehme 24,50 €. Zusätzliche Kosten für WLAN, Dusche etc. kennt man hier nicht! Vom Ferienhof aus kann man herrlich wandern oder Rad fahren, das Flüsschen Argen lädt die Kinder zu Wasserspielen ein, es gibt Ponys, Hühner, Katzen und bei schlechtem Wetter sorgt der Heuboden für gute Laune. Nach dem Motto »Alles kann, nichts muss« ist auch das Grillen am Lagerfeuer ein weiteres schönes Angebot.

Der benachbarte Biergarten lädt zum Verweilen ein!

INFOS

FERIENHOF MAURUS »IN DER HÖLL«
In der Höll 1, 88167 Röthenbach, www.maurus.de

GPS: 47.652400, 9.964189

KOSTEN PRO ÜBERNACHTUNG: Stellplätze für 8 €, Erwachsene: 7 €, Kinder: 5,50 €, Strom: 2,50 €, inkl. Sanitäranlagen

GEÖFFNET: 01. Mai–15. September

SONSTIGES: WLAN gratis

TIERE: Hunde nicht erlaubt

TOURIST-INFO: Tourist-Information Lindenberg, 88161 Lindenberg, Tel. 08381/9284310, www.lindenberg.de, Verwaltungsgemeinschaft Argental, Mühlenstr. 1, 88167 Röthenbach, Tel. 08384/180, www.vg-argental.de

KULINARISCHES: Brötchenservice, Grillplatz, Badwirtschaft Malleichen, Malleichen 41, 88167 Gestratz, Tel. 08383/7439, www.malleichen.de

SEHENSWERT: Käserei Baldauf, Sennereiweg 3, 88167 Gestratz, Tel. 08383/559, www.baldauf-kaese.de

19 ÜBERRASCHENDES WOLFEGG

Oberschwaben hat etwas zu bieten!

Wir verlassen die A96 Richtung Lindau an der Abfahrt Wangen-West. Dann geht es auf feinsten Nebenstraßen durch die südlichen Täler Oberschwabens bis Waldburg-Hannober (ja, das heißt so), wo uns feinster schottischer Whisky erwartet!

Inmitten saftiger Wiesen und mit Blick auf die Waldburg liegt die Firmenzentrale der VOM FASS AG. Nein, hier soll keine Schleichwerbung gemacht werden, es ist einfach nur sehenswert. Hier lagern nämlich alle Köstlichkeiten, die man auch in den verschiedenen Filialen vom Fass abfüllen kann. Feinster schottischer Whisky, erlesene Öle und Aceto balsamico vom Allerbesten erlebt man bei einer Führung durch die unterirdischen Gewölbekeller.

Nach zwanzigminütiger Fahrt erreichen wir unser heutiges Tagesziel, den Reisemobilhafen Loretopark am Ortsrand von Wolf-egg. Die 3500 Einwohner zählende Gemeinde wird sich im weiteren Verlauf als ein wahres Überraschungspaket entpuppen.

Am Reisemobilhafen Loretopark – er heißt so, weil man ganz in der Nähe an der Loreto-Kapelle steht – erwarten die Besucher zwölf großzügig angelegte Stellplätze für 7 € je Übernachtung. Das Angebot wird durch Ver- und Entsorgung und Stromsäulen, die mit 0,50 € je KwH gefüttert werden müssen, komplettiert. Der ganzjährig nutzbare Wohnmobilstellplatz hat einen hervorragend befestigten Untergrund, dem selbst Schnee und Regen nichts anhaben können.

Auch »Dickschiffe« gehen hier ganz beruhigt vor Anker. Die markierten Flächen haben eine ordentliche Größe und gestatten den Einsatz von Tisch und Stühlen. Außerdem kann man die kleinen Wiesenflächen am Waldrand nutzen. In der Nähe befindet sich die Gemeindeverwaltung, wo man zu den Öffnungszeiten der Tourist-Information eine Gästekarte erhalten kann. Diese gewährt z. B. Rabatte für die Museen im Ort.

Der toll angelegte Stellplatz

MUSEUMSBESUCHE LOHNEN

Vorbei am Gasthof zur Post, der empfehlenswerte Hausmannskost auf der Speisekarte führt, gelangt man zum Café am Schlossplatz. Hier kann man bei hausgemachtem Kuchen die weiteren Freizeitangebote von Wolfegg studieren. Und die gibt es reichlich! Am südwestlichen Ortsrand befindet sich das wunderschön angelegte Bauernhaus-Museum Allgäu-Oberschwaben mit seinen verschiedenen Rundwegen und Gebäuden aus vergangener Zeit. Dort gibt es viele Mitmachangebote für Kinder und natürlich auch Tiere wie Ziegen, Esel und Pferde, alte Gemüsesorten werden angebaut und geerntet. Allein hier könnte man bequem einen halben Tag verbringen.

In der Schlossanlage im Norden, zu der eine wirklich sehenswerte Kirche gehört, befindet sich seit mehr als 40 Jahren das Fritz B. Busch Automuseum. Entstanden aus seiner privaten Sammlung, hat der Journalist und »Autopapst« hier einen Querschnitt absolut einmaliger Exponate angehäuft. Ein schöner Spaziergang durch das abwechslungsreiche Wolfegg mit seinen wunderschönen, zum Teil uralten Bäumen rundet das Programm ab. Die umliegende Natur und ein reichhaltiges Angebot für Jung und Alt (mit dem sich durchaus zwei Tage füllen lassen) stehen hier stellvertretend für viele Städtchen im Allgäu, die es wert sind, nicht einfach nur ein Punkt auf der Durchfahrt zu sein!

Das Freilicht-Bauernmuseum

»Alte Schätzchen« im Fritz B. Busch Museum

INFOS

REISEMOBILHAFEN LORETOPARK
Gemeinde Wolfegg, Rötenbacher Str.11, 88364 Wolfegg, Tel. 07527/960151

GPS: 47.815694, 9.798333

KOSTEN PRO ÜBERNACHTUNG: 12 Stellplätze für 7 €, max. Aufenthalt 5 Tage

GEÖFFNET: ganzjährig

SONSTIGES: Strom: 0,50 €/kWh, Wasser: 1 €/ 80–100 l, Entsorgung ohne Übernachtung: 2,50 €

TIERE: Hunde erlaubt

TOURIST INFO: Wolfegg Information, Rötenbacher Str. 13, 88364 Wolfegg, Tel. 07527/960151, www.wolfegg.de

KULINARISCHES: Hotel-Gasthof Zur Post Wolfegg, Rötenbacher Str. 5, 88364 Wolfegg, Tel. 07527/96140, www.hotel-post-wolfegg.com, Café am Schlossplatz, Wette 2, 88364 Wolfegg, Tel. 07527/9579951, www.cafeamschlossplatz.de

SEHENSWERT: VOM FASS AG, Am Langholz 17, 88289 Waldburg-Hannober, Tel. 07529/974574, www.vomfass.de
Automobilmuseum Fritz B. Busch, Fritz-B.-Busch-Weg 1, 88364 Wolfegg, Tel. 07527/6294, www.automuseum-busch.de
Bauernhaus-Museum Allgäu-Oberschwaben Wolfegg, Vogter Str. 4, 88364 Wolfegg, Tel. 07527/95500, www.bauernhausmuseum-wolfegg.de

20 WOHNMOBILFREUNDLICHES BAD BUCHAU

Federseer Moorlandschaft

Sie wollten schon immer mal die Erde zum Beben bringen? Dann müssen Sie unbedingt nach Bad Buchau und den Wackelwald am Federsee erkunden. Aber nicht nur deshalb: Die Oberschwaben bieten gleich drei Stellplätze für Wohnmobile sowie eine ganze Menge mehr bis hin zum UNESCO-Weltkulturerbe!

Bad Buchau, das idyllische Kur- und Urlaubsstädtchen am Federsee, liegt zwischen Ulm und dem Bodensee an der oberschwäbischen Barockstraße, der schwäbischen Bäderstraße und dem Oberschwaben-Allgäu-Radweg. Der Federsee mitsamt dem ihn umgebenden Moor (auch Ried genannt) ist ein Naturreservat für zahlreiche Tiere und Pflanzen. Bei einem Spaziergang auf dem 1,4 Kilometer langen Federseesteg können sich Besucher das Moor erschließen und bekommen hautnahe Einblicke in die spannende Tier- und Pflanzenwelt. Das nahe gelegene Federseemuseum verdankt seine Anziehungskraft vor allem der authentischen Darstellung der Pfahlbauarchitektur und den international bedeutenden Funden aus über 14 000 Jahren Menschheitsgeschichte, die zum UNESCO-Weltkulturerbe erklärt wurden.

DIE QUAL DER WAHL BEIM STELLPLATZ

Die Wohnmobilstellplätze von Bad Buchau sind verteilt auf den Kurpark, Seepark und das Federseemuseum. Der Komfortplatz am Kurpark hält als Besonderheit fünf XL-Plätze für Wohnmobile von bis zu zwölf Meter Länge bereit. Der Stellplatz am Seepark liegt

Einer von vier Stellplätzen am Kurpark

Blick über den Federsee

etwas näher am Zentrum, hat aber nicht so einen schönen Ausblick. Der Platz am Federseemuseum liegt ganz im Grünen. Er befindet sich im hinteren Teil des asphaltierten Parkplatzes. Die Kapazitäten der Wohnmobilstellplätze rangieren zwischen zwölf und zwanzig, die Preise beginnen bei 10 € pro Übernachtung inkl. Kurtaxe. An jedem Platz ist eine Ver- und Entsorgungsstation. Hundert Liter Wasser kosten ca. 1 €, eine kWh Strom ca. 0,50 €. In den Sommermonaten gibt es außerdem noch die Möglichkeit, am Freibad zu stehen. Hier passen weitere zehn Wohnmobile auf den asphaltierten Untergrund am Ende der öffentlichen Parkfläche. Die Stellplatzgebühr beträgt 9,50 € und zusätzlich hat man den Vorteil, hier direkt ein erfrischendes Bad nehmen zu können – vorausgesetzt, das Wetter ist freibadtauglich.

Alle Stellplätze erlauben den Einsatz von Campingmöbeln. Darüber hinaus hat man überall guten WLAN-Empfang, und das Bäcker-Mobil, das morgens ab 08.30 Uhr seine Runden dreht, versorgt alle Stellplätze mit frischen Backwaren. Selten findet man eine Gemeinde, die gleich drei Stellplätze in einer solch guten Qualität anbietet!

Wir haben uns für den Platz am Kurpark entschieden, da man von hier Vieles sehr gut zu Fuß erreichen kann. Dazu gehört vor allem der Wackelwald. Der Wackelwald heißt so, weil der weiche Boden bei jedem Schritt, besonders nach starkem Regen, zurückfedert und die Bäume wackeln. Das liegt daran, dass

INFOS

KOMFORTPLATZ AM KURPARK
Seegasse 2, 88422 Bad Buchau

GPS: 48.068844, 9.606414

KOSTEN PRO ÜBERNACHTUNG: 16 Stellplätze ab 11,50 € (XL-Plätze 13 €) inkl. Kurtaxe und Entsorgung

GEÖFFNET: ganzjährig

SONSTIGES: Strom: 0,50 €/kWh, Wasser: 1 €/100 l

TIERE: Hunde erlaubt

Mittendrin statt nur dabei, Steg im Moorgebiet

der Wald auf einem Ried- bzw. Moorboden wächst. Mittlerweile sind nur noch fünf Prozent des früheren Mooranteils übrig geblieben, der Rest wurde entwässert. Aus diesem Grund verlandete der Federsee immer weiter und es bildete sich das Federseemoor, das mit etwa 33 Quadratkilometern das größte Moor in Südwestdeutschland darstellt. Unter dem Wald entstand eine dicke Schicht aus Torf. Dadurch kommt es zu dem beschriebenen Wackeln. Nur das dichte Wurzelnetz der Vegetation trägt das Gewicht der Menschen, die dort spazieren gehen. Auf dem im Jahr 2004 angelegten Naturlehrpfad gibt es acht Stationen, an denen die Besucher angeregt werden, dieses spannende Phänomen auf verschiedene Arten selbst auszuprobieren und mit allen Sinnen wahrzunehmen. Auch Sportler fühlen sich hier wohl, weil der Boden beispielsweise beim Joggen oder Walken nachgibt, was sehr gelenkschonend ist. Eine sehr schöne Rad- und Wanderkarte von Bad Buchau mit Federseegebiet erhält man für 3 € in der Tourist-Information. Sehr gut essen kann man übrigens in der Taverne Poseidon.

INFOS

WOHNMOBILSTELLPLATZ SEEGASSE

Seegasse, 88422 Bad Buchau

GPS: 48.068333, 9.609503

KOSTEN PRO ÜBERNACHTUNG:
17 Stellplätze für 11,50 € inkl. Kurtaxe

GEÖFFNET: ganzjährig

SONSTIGES: Strom: 0,50 €/kWh,
Wasser: 1 €/100 l

TIERE: Hunde erlaubt

INFOS

WOHNMOBILSTELLPLATZ BEIM FEDERSEEMUSEUM

Federseeweg, 88422 Bad Buchau

GPS: 48.070231, 9.609494

KOSTEN PRO ÜBERNACHTUNG:
12 Stellplätze für 10 € inkl. Kurtaxe

GEÖFFNET: ganzjährig

SONSTIGES: Strom: 0,50 €/kWh,
keine Ver- und Entsorgung

TIERE: Hunde erlaubt

Heißt Sie willkommen, Bad Buchau!

INFOS

WOHNMOBILSTELLPLATZ AM FREIBAD

Ausweichplatz für Sommermonate, Friedhofstr. 17, 88422 Bad Buchau

GPS: 48.063103, 9.617375

KOSTEN PRO ÜBERNACHTUNG: 10 Stellplätze für 9,50 € inkl. Kurtaxe

GEÖFFNET: Mitte Mai – 31. August

SONSTIGES: keine Ver-/Entsorgung

TIERE: Hunde erlaubt

TOURIST-INFO: Tourist-Information, Marktplatz 6, 88422 Bad Buchau, Tel. 07582/93360, www.bad-buchau.de

KULINARISCHES: Taverne Poseidon, Schussenrieder Str. 30, 88422 Bad Buchau, täglich geöffnet, www.poseidon-badbuchau.hpage.com/, traditionelle griechische Küche zu fairen Preisen in guter Qualität

SEHENSWERT: Federseemuseum Bad Buchau (Zweigmuseum des Archäologischen Landesmuseums Baden-Württemberg), August-Gröber-Platz, 88422 Bad Buchau, Tel. 07582/83 50, www.federseemuseum.de

21 CAMPING WAGENBURG

Hausen im Naturpark Obere Donau

Im Süden Baden-Württembergs wurde 1980 der Naturpark Obere Donau gegründet. Er ist einer von sieben Naturparks in diesem Bundesland. Es ist still hier, denn die Donau ist für gewerblichen Güterverkehr noch nicht schiffbar. Der Platz »Camping Wagenburg« im Oberen Donautal hat viel von dieser Stille!

Das Erste, was an der Unterführung vor der Campingplatz-Zufahrt ins Auge sticht, ist das Durchfahrtsschild: 3,10 Meter! Aber davon sollte man sich nicht abschrecken lassen, denn es ist auch für Wohnmobile von 3,25 Metern Höhe kein Problem, zu passieren. Trotzdem gilt vorsichtshalber auch hier: aussteigen und schauen bzw. durchlotsen lassen. Denn leider ist die Fraktion hoher Alkoven-Wohnmobile von der Durchfahrt ausgeschlossen.

Die hundert Stellplätze des Camping Wagenburg sind recht frei ohne Markierungen verteilt. Vor allem Kompaktwohnmobile, Vans und alte VW-Bullis benötigen ja nicht so viel Raum, und so rückt man gerade an verlängerten Wochenenden kameradschaftlich zusammen. Der Platz ist schlicht als liebevoll zu bezeichnen. Die Kinder freuen sich über die an dieser Stelle sehr flache Donau, bauen mit großer Freude Staudämme aus Steinen und genießen das Herumtollen im Wasser. Zwischendurch hüpfen Hunde durch das kalte Nass. Überhaupt geht es hier angenehm sportlich und entspannt zu. Die Sanitäranlagen sind, wenn auch etwas veraltet, immer noch zweckmäßig. Die Rezeption befindet sich in einem alten Zirkuswagen. Man wird herzlich empfangen und nach kurzer Begutachtung der Fahrzeuggröße sucht man sich seine neue »Heimat auf Zeit« selbst aus oder man erhält eine Zuweisung – das hängt immer ein wenig von der augenblicklichen Belegungssituation ab. Auf diesem Platz gilt

Für jeden Geschmack gibt es den richtigen Begleiter!

jedoch immer: Bitte stets besonders vorsichtig und langsam fahren, denn es sind oft sehr viele kleine Kinder anwesend, die sorglos umherlaufen und plötzlich unverhofft auftauchen. Eine Selbstverständlichkeit, werden Sie sich jetzt vielleicht denken – aber eben leider nicht immer und bei allen.

AM UFER DER JUNGEN DONAU

An Sommerwochenenden kommen schätzungsweise bis zu 20 000 Besucher ins Obere Donautal. Es ist ein Eldorado für Kletterer, Wanderer, Radfahrer und Kanusportler. Hier, südwestlich der Schwäbischen Alb, vermuten Hobby-Meteorologen bei der gleich nebenan im Norden gelegenen Gemeinde Stetten am kalten Markt den kältesten Ort Baden-Württembergs. Es ist also kein Wunder, dass hier die wärmere Jahreszeit bestens ausgenutzt wird und der Stellplatz einer der »Top Spots« ist. Es gibt vor Ort Kletterschulen, die an den Wänden auf der gegenüberliegenden Straßenseite üben, und einen Kanuverleih, der ebenfalls gleich hier seine Touren startet. Außerdem führt der Donauradwanderweg vorbei und lädt zu wunderschönen Routen durch das Donautal ein. Im Ort gibt es einen Fahrradverleih, bei dem man unter anderem auch Pedelecs oder E-Bikes leihen bzw. ausgiebig testen kann. Überhaupt lädt die Vielfalt der Angebote dazu ein, verschiedene Dinge auszuprobieren, die man schon immer mal machen wollte. Besonders die Schnupperkurse im Klettern mit Gurten und Seilen stehen hoch im Kurs. Die 20 bis 30 Meter hohen Wände sind prädestiniert, um daran das

Kletterfelsen, auch für Anfänger

erste Mal Höhenluft zu schnuppern und sich ein wenig wie Reinhold Messner zu fühlen. Auch die Kanu- und Kajak-Touren bieten für alle Altersklassen das richtige Programm und stehen vor allem bei Kindern hoch im Kurs.

Im Ort gibt es sowohl einen Bahnhof als auch eine Bushaltestelle. Somit sind auch Ausflüge in das weiter entfernte Tuttlingen, Sigmaringen oder Biberach möglich. Für Wanderfreunde empfehlen wir die Route durch den »schwäbischen Grand Canyon«, wie das Durchbruchtal der Oberen Donau auch genannt wird – eher nichts für Spaziergänger. Mit der Buslinie 50 oder dem Naturparkexpress, der von Mai bis Oktober am Wochenende und Feiertagen fährt, geht es nach Beuron zum berühmten Kloster. Naturliebhaber und Menschen, die eine hektikfreie Zeit suchen, werden sich an diesem Platz besonders wohlfühlen, und Sportambitionierte sowieso!

INFOS

CAMPING WAGENBURG

Kirchstr. 24, 88631 Beuron/Hausen i. Tal, Tel. 07579/559, www.camping-wagenburg.de

GPS: 48.084722, 9.040556

KOSTEN PRO ÜBERNACHTUNG: 100 Stellplätze ab 19 € für 2 Personen, Ver- und Entsorgung, 0,50 € Kurtaxe

GEÖFFNET: Mai–Sept., Reservierung ab mind. 7 Übernachtungen

SONSTIGES: Strom 3 €/Tag, Dusche: 1 €/7 Min.

TIERE: Hunde erlaubt, Leinenpflicht, 1,50 €/Nacht

TOURIST-INFO: Tourist-Info Beuron, Kirchstr. 18, 88631 Beuron, Tel. 07579/92100, www.beuron.de

SEHENSWERT: Besi Kanu & Sport, Zum Hammer 3, 88631 Beuron/Thiergarten, Tel. 07570/550, www.besi-kanu.de

22 WOHNMOBILSTELLPLATZ DORFKRUG

Zu Gast am sonnigen Bodensee

Er ist ein echter europäischer Urlaubsklassiker: der Bodensee! Im tiefsten Süden Deutschlands lockt er das ganze Jahr über an seine Ufer. Auch die Nachbarländer Österreich, Schweiz und das kleine Fürstentum Liechtenstein lohnen einen Besuch. Die einladende Wein- und Obstregion garantiert ein abwechslungsreiches Programm.

Die Auswahl an Wohnmobilstellplätzen um den Bodensee ist leider nicht so riesig und die Campingplätze lassen sich ihre wenigen Quadratmeter Land auf Zeit sehr gut bezahlen. Doch in Tunau bei Kressbronn gibt es ja zum Glück den Stellplatz am Landgasthof Dorfkrug. Eingebettet in die alten Obstwiesen, lädt die Familie von Egon Leute ihre mobilen Gäste zum Verweilen ein. Abseits der viel befahrenen Hauptstraßen gibt es hier immer ein lauschiges Plätzchen. Innerhalb eines nur gut fünf Minuten dauernden Fußweges ist man an einem kleinen Badeplatz am Bodenseeufer und genießt den herrlichen Ausblick über die Wellen bis in die Schweizer Berge. Der Bodenseeradweg führt direkt am Biergarten vorbei – manchmal hat das kleine Hindernis zur Temporeduzierung der vorbeifahrenden Radfahrer bestimmt seine Berechtigung!

Nach der Zufahrt durch die automatische Schrankenanlage gelangt man auf die as-phaltierten Fahrwege. Von dort kann man links und rechts wie in Parklücken auf die 40 Stellplätze aus Rasengittersteinen einbiegen. Größere Fahrzeuge finden am angelegten Seitenstreifen einen Platz. Wenn die Witterung und die Jahreszeit es zulassen, kann man auch im hinteren Teil auf der Obstwiese stehen, wo nochmals ca. 50 Plätze zur Verfügung stehen. Hier hinten geht es recht zwanglos zu und die Geräuschkulisse von ankommenden oder abreisenden Wohnmobilen reduziert sich erheblich. Trotz der vielen Stellplätze gibt es auch Zeiten, wo das Schild »BELEGT« an der Zufahrt steht. Die Duschanlage ist mit zwei Kabinen allerdings schnell überfordert, man sollte deshalb besser auf die bordeigene zurückgreifen.

Freier Blick bis in die Schweiz

KINDER, KULINARIK UND SEEBLICK

So einfach kann man Kinder glücklich machen.

Warum in die Ferne schweifen, wenn das Gute liegt so nah! Darum haben wir den großzügigen und sehr schönen, von alten Bäumen beschatteten Biergarten vor Ort getestet. Das halbe Grillhähnchen mit Pommes frites und Salat sowie eine »Halbe vom Fass« schlagen mit ca. 13,50 € zu Buche, dazu gibt es noch einen Gutschein von 4 € für die Stellplatzgebühr. Diese zahlt man übrigens ganz unkompliziert am Parkautomat. Die Wohnmobilbesatzung kostet ab 24 € inkl. allem, was man so braucht.

Für Kinder gibt es einen sehr schönen Spielplatz, aber am beliebtesten sind sicher die Esel, die im hinteren Teil des Obstgartens ihr eigenes Terrain haben. An einem der vielen schönen Sommerabende lohnt es sich sehr, zum Sonnenuntergang einen Spaziergang durch die nahen Obstplantagen zu unternehmen. Wenn man den Dorfkrug zur rechten Seite verlässt, ist man übrigens in nur zehn Minuten in Kressbronn bzw. am Strandbad. In Kressbronn ist ein Besuch der Weinkellerei Steinhauser sehr zu empfehlen. Der Traditionsbetrieb existiert seit fast 200 Jahren und bietet viele schöne Mitbringsel an – von Wein über Whisky bis hin zu prämierten Bränden.

Für jemanden, der nicht allen Luxus benötigt, ist der Dorfkrug bestimmt eine willkommene preiswertere Alternative zu den benachbarten Campingplätzen. Die schöne Lage des »Dorfkrugs« abseits der Hauptstraßen ist ungemein schön, aber tatsächlich leider nicht der Standard. Die Bundesstraße um den See ist, mit Verlaub gesagt, schon sehr befahren. Da sie oftmals sehr nah am See vorbeiführt, liegen die Stellplätze zum Teil direkt an deren Verlauf oder vom Bodensee abgewandt ohne Blick auf den See. Der »Dorfkrug« bietet hier Ruhe und Idylle zwischen Obstplantagen und See – was will man mehr!

INFOS

WOHNMOBILSTELLPLATZ DORFKRUG

Tunau 1, 88079 Kressbronn am Bodensee, Tel. 07543/9800, www.dorfkrug.de

GPS: 47.590000, 9.675083

KOSTEN PRO ÜBERNACHTUNG: ca. 90 Stellplätze für 24 € inkl. Kurtaxe, Müll, Frischwasser, Toiletten, Steuern, Hund

GEÖFFNET: eine Woche vor Ostern–Mitte Okt.

SONSTIGES: WLAN gratis

TIERE: Hunde erlaubt

TOURIST-INFO: Tourist-Information Kressbronn, Nonnenbacher Weg 30, 88079 Kressbronn am Bodensee, Tel. 07543/96650, www.kressbronn.de

KULINARISCHES: Selbstbedienungsrestaurant, Biergarten

SEHENSWERT: Alte Bodensee Hausbrennerei – Steinhauser GmbH, Raiffeisenstraße 23, 88079 Kressbronn am Bodensee, Tel. 07543/8061, www.weinkellerei-steinhauser.de. Die erste Bodensee-Whisky-Brennerei in einer restaurierten Brennanlage aus dem 19. Jh. Besichtigung und Verkauf von Whisky, Obstbränden und Wein

23 AUSZEIT ZWISCHEN FRÄNKISCHER ALB UND DONAUMOOS

Neuburg an der Donau lädt Sie ein

Die historische Altstadt und der Fluss prägen Neuburg an der Donau mehr als alles andere. Schon von weitem ist die prächtige Fassade des imposanten Schlosses Neuburg mit den zwei markanten Rundtürmen zu erkennen. Die Stadt liegt landschaftlich sehr reizvoll im Donautal zwischen Fränkischer Alb im Norden sowie Donaumoos und Hügelland im Süden.

An der Schlösslwiese hält Neuburg an der Donau für Wohnmobilreisende einen kostenlosen Stellplatz für mehr als 50 Fahrzeuge direkt am Fluss bereit. Der Blick fällt über die Donau auf die Leopoldineninsel mitten im Fluss, den gegenüberliegenden Englischen Garten auf der anderen Uferseite bis hin zur Altstadt mit dem alles überragenden Schloss. Der Stellplatz hat einen perfekt verdichteten, hellen Untergrund, der bei Nässe etwas auf das Fahrzeug und das Schuhwerk abfärbt. Die großen Stellbereiche werden durch einfache Holzbarrieren getrennt und man steht wie in Parklücken nebeneinander. Eine weitere Abgrenzung oder nummerierte Flächen gibt es nicht. Das heißt, die Wohnmobilisten arrangieren ihre Platzbedürfnisse einfach selbst untereinander. Zu bestimmten Zeiten werden also, aus Rücksicht auf die Nachbarn, nicht alle Markisen zur Gänze eingesetzt werden können. Die Ver- und Entsorgungsmöglichkeit befindet sich vor der Einfahrt im Parkbereich vor dem Stellplatz. Der Stellplatz Schlösslwiese ist durch einen großen begrünten Wall von dem dahinter liegenden Parkplatz wunderbar abgetrennt. Ein kurzer Weg von hier in die Altstadt, der Donauradweg führt vorbei – die Lage ist perfekt! Selbst wenn man am Abend anreist, lohnt sich noch ein Gang durch die barocke Altstadt. Ganze Straßenzüge mit herrschaftlichen Häusern versetzen den Besucher in vergangene Zeiten zurück, als Adel und das reiche Bürgertum den Ton angaben. Die Gassen sind durch die Sommerhitze des Tages richtig aufgewärmt und laden ein, an einer der bewirteten Außenterrassen Platz zu nehmen. Im vielfältigen Angebot findet jeder das Seine.

Die historische Altstadt von Neuburg

RENAISSANCE- UND BAROCKKUNST AN DER DONAU

Die Nacht werden Sie hier sehr ruhig verbracht haben und ausgeruht in den neuen Tag starten. Die Bäckerei für die Frühstücksbrötchen haben Sie bereits bei der Zufahrt an der Straße gesehen. Das frühmorgendliche Flair an der Donau lädt ein, um mit dem Hund Gassi zu gehen, und die Kinder können auf der Wiese schon den Fußball fliegen lassen.

Kunstbegeisterten sei unbedingt die Staatsgalerie Neuburg an der Donau im Renaissance-Schloss ans Herz gelegt, eine Zweigstelle der Bayerischen Staatsgemäldesammlungen. Der Fokus liegt auf flämischer Barockmalerei. Zu bewundern sind 150 Werke von Künstlern wie Peter Paul Rubens, van Dyck und Jordaens. Weltberühmt sind außerdem die Altarbilder, die das »Große Jüngste Gericht«, eine »Anbetung der Hirten« und die »Ausgießung des Heiligen Geistes« zeigen. Sie zierten den Altar der Hofkirche von Neuburg, bevor sie für lange Zeit in den Archiven der Alten Pinakothek Münchens verschwunden waren. Herausragende großformatige Bilder, vor allem des führenden Malers aus der Lütticher Schule, Gérard Douffet, werden seit Jahrzehnten erstmals wieder öffentlich zugänglich gemacht. Darunter befindet sich auch sein auf 1627 datiertes Hauptwerk »Papst Nikolaus V. am Grab des Heiligen Franz von Assisi«.

Etwas ganz Besonderes ist außerdem der Stadtrundgang über die Sternschanzen. Pfalzgraf Philipp Ludwig ließ diese Sternschanzen Anfang des 17. Jahrhunderts nach Plänen des Augsburger Stadtbaumeisters anlegen. Er wollte seine Residenzstadt mit diesen Verteidigungsanlagen besser schützen. Der Rundwanderweg führt mit seinen 5,8 Kilometern durch die Stadt, vorbei an versteckten Winkeln und lauschigen Plätzen wie Scheigele-Pavillon, Ottheinrichsturm oder Mariengrotte. Den Routenführer mit vielen Ergänzungen und Erklärungen erhält man kostenlos in der Tourist-Information am Ottheinrichsplatz.

Denken Sie daran, dass die Donau mit ihren 2850 Kilometern der zweitlängste Fluss Europas ist und allein von hier Richtung Süden noch Orte mit so klangvollen Namen wie Kloster Weltenburg, Regensburg, Wien oder Budapest an der Donau liegen. Wenn Sie auf der Suche nach einer längeren Route sind, empfehlen wir, an der Donau bis nach Wien zu fahren. Diese Route ist wahrlich ein Traum!

Kostenloser Stellplatz unmittelbar an der Donau

INFOS

WOHNMOBILSTELLPLATZ SCHLÖSSLWIESE

Zur Ringmeierbucht, 86633 Neuburg an der Donau, Tel. 0171/2695697, www.komparking.de/wohnmobilstellplatz-neuburg-an-der-donau/

GPS: 48.740278, 11.184222

KOSTEN PRO ÜBERNACHTUNG: ca. 50 Stellplätze gratis

GEÖFFNET: ganzjährig

SONSTIGES: Frischwasser: 1 €/100 l, kein Stromanschluss

TIERE: Hunde erlaubt

TOURIST-INFO: Tourist-Information, Ottheinrichplatz A 118, 86633 Neuburg an der Donau, Tel. 08431/55240, www.neuburg-donau.de

SEHENSWERT: Schloss Neuburg, Residenzstr. 2, 86633 Neuburg an der Donau, Tel. 08431/64430, www.schloesser.bayern.de/deutsch/schloss/objekte/neuburg.htm

Anmerkung der Redaktion: Nach einem Besitzerwechsel sind Sanierungsarbeiten im Jahr 2021 geplant, Stromanschluss und Sanitäranlagen sind in Planung. Danach ist zu erwarten, dass der Platz nicht mehr gratis zur Verfügung steht.

24 ZELTPLATZ HAMMERMÜHLE BEI ALTENDORF

Durch den Naturpark Altmühltal

An der Mündung der Gailach in die Altmühl, im romantischen Naturpark Altmühltal, findet man eine Ruhe, wie man sie bestimmt schon lange nicht mehr erlebt hat! Abseits von jeglichem Zivilisationslärm, Flugzeuge mal ausgenommen, kann man hier Natur pur genießen.

Der Wohnmobilstellplatz Hammermühle ist in puncto aktiver oder inaktiver Freizeitgestaltung bestimmt unter den Top Ten in Deutschland einzuordnen. Aktiv heißt hier Radeln auf dem Altmühl-Radweg, Kanufahren, Wandern, Klettern oder Geo-Caching mit den Kindern. Inaktiv heißt aktives Nichtstun! Lesen, Faulenzen, Essen und Trinken, ganz einfach: Man lässt es sich gut gehen. Schon die Anfahrt auf der kleinen Landstraße über Mühlheim und Mörnsheim durch das Gailachtal ist eine Offenbarung für alle Sinne. Kühe, die friedlich in den satten Wiesen grasen, ein Reh mit seinem Kitz und Enten, die im nahe gelegenen Örtchen Altendorf über die Straße watscheln. Den Stellplatz erreicht man, wenn man nach der Ortschaft Altendorf links über die Brücke fährt und dem nächsten Weg rechts in die Sackgasse folgt. Terrassenförmig angelegt und mit Schotter befestigt, hat hier jeder freien Blick in die Landschaft. Die Plätze sind sehr großzügig bemessen und gegen Gebühr kann man die Duschen am benachbarten Zeltplatz mitnutzen. Der Einsatz der Campingausrüstung ist kein Problem. Auch Grillen ist ohne Weiteres möglich. Schön ist außerdem, dass sich im hinteren Bereich des Platzes eine Toilettenentsorgung befindet und man sich den Weg zum Zeltplatz sparen kann.

ARCHÄOLOGIE FÜR ANFÄNGER UND BOOTSWANDERN

Haben Sie schon mal daran gedacht, Fossilien zu suchen? Nur drei Kilometer entfernt gibt es den Besuchersteinbruch Mühlheim. Da bietet sich fast eine Wanderung an. Schöne

Mitten im Grün des Naturparks Altmühltal

Fossilien wie Ammoniten, Pflanzen, Fische und vieles mehr gibt es gerade in den Mörnsheimer Schichten des 145 Millionen Jahre alten Oberen Jura in großer Menge. Das Fachpersonal zeigt den Besuchern gerne, wie das Ausgraben am besten funktioniert, und steht mit Rat und Tat zur Verfügung. Die Familienkarte für zwei Erwachsenen und zwei Kinder bis zu 16 Jahren kostet gerade einmal 14 €. Hammer und Meißel gibt es für 0,50 € vor Ort auch, und nach einer kurzen Einweisung kann es schon losgehen. Wenn die Funde nicht mehr »tragbar« sein sollten, kann man diese auch erst am nächsten Tag abholen!

Für alle Altersklassen, der Altmühl Radweg

Da wir uns hier unmittelbar an der »Wasserrutsche« befinden (dabei handelt es sich um eine Art Bootsrutsche, mit der das Natursteinwehr in der Altmühl sehr gut zu passieren ist), folgen noch ein paar interessante Informationen zum Thema Kanu- und Canadier-Touren, denn das Gewässer ist prädestiniert, bei einer Bootswanderung erobert zu werden: Geringe Wassertiefe, angenehme Fließgeschwindigkeit und das recht einfach zu passierende Wehr machen die Tour auf der Altmühl für Naturfreunde jeden Alters und Familien zu einem unvergesslichen Erlebnis. Gemeinsam erforscht man dabei den Fluss und genießt entspannte und unterhaltsame Stunden. Von der eigenen Muskelkraft angetrieben, fährt man vorbei an schroffen Kalkfelsen, ins Wasser hängenden Weiden und schilfbestandenen Ufern. Der eigene Rhythmus passt sich der gemächlich dahin fließenden Altmühl an, nach jeder Windung erschließt sich dem Blick eine neue faszinierende Perspektive. Zum Kennenlernen sehr schön ist die Tour nach Hagenacker, die für ein Zweier-Boot mit Rücktransport 30 € kostet. Das Ganze lässt sich beliebig variieren bis hin zur kompletten Tagesfahrt inklusive Verpflegung.

Alles in allem begeistert hier die herzliche Art des gesamten Personals. Der Stellplatz ist eine schöne Anlage mitten in der Natur, die zeigt, wie wundervoll sich das Hobby Wohnmobil mit Freiheit verbinden lässt – und das auch noch zu einer unschlagbaren Ökobilanz: Denn ganz allgemein ist der CO_2-Ausstoß einer Zwei-Personen-Besatzung im Wohnmobil tatsächlich fünfmal geringer als bei einer Hotelübernachtung!

INFOS

WOHNMOBILSTELLPLATZ HAMMERMÜHLE

Hammermühle 5, 91804 Altendorf, Tel. 09141/73470, www.zeltplatz-hammermuehle.de

GPS: 48.872222, 11.031806

KOSTEN PRO ÜBERNACHTUNG: 20 Stellplätze für 13 € inkl. 2 Erwachsene, jede weitere Person 5 € bzw. 4 € für Kinder (0–14 Jahre)

GEÖFFNET: April–Okt.

SONSTIGES: Strom: 0,60 €/kWh, Duschen: 2 €, Ver- und Entsorgung sowie Kanuverleih-Station (s. rechts) vor Ort

TIERE: Hunde erlaubt, 2 €/Tag

TOURIST-INFO: Tourist-Information, Kastnerplatz 1, 91804 Mörnsheim, Tel. 09145/83150, www.moernsheim.de

KULINARISCHES: Imbiss vor Ort

SEHENSWERT: Besuchersteinbruch Mühlheim, 91804 Mühlheim bei Mörnsheim, Tel. 0160/91429182, www.besuchersteinbruch.de
Bootsverleih Frankenboot, Station vor Ort, Tel. 09142/4645, www.frankenboot.de

25 WOHNMOBILSTELLPLATZ PANORAMA

Enderndorf im Fränkischen Seenland

Die fränkische Seenlandschaft – bewusst steht hier Landschaft und nicht nur Seenland – bietet insgesamt sieben Seen mit fast 20 Quadratkilometer Wasserfläche. Der Panoramastellplatz befindet sich am Großen Brombachsee. Franken hat allgemein viel unberührte Landschaft, eine Natur, die im Einklang mit den Bedürfnissen der Einwohner gewachsen ist.

Mit dem Rothsee, dem Kleinen und Großen Brombachsee, dem Altmühlsee, Igelsbachsee, Hahnenkammsee und dem Dennenloher See – allesamt künstlich angelegt – ist es gelungen, Freizeitareale zu schaffen, die einmal nicht aus Hotelresorts und abgesperrten Zonen bestehen. Es bereitet ungetrübtes Vergnügen, hier zu verweilen. Gerade für Wohnmobilfahrer sind dabei tolle Flecken entstanden, die für jeden Geschmack das Richtige bieten.

Freizeitspaß fränkisches Seenland

Wir entführen Sie ins Spalter Land, das bis heute von Landwirtschaft und seiner Ursprünglichkeit lebt. Kleine Gasthäuser zu einem unschlagbaren Preis-Leistungs-Verhältnis laden zur Einkehr ein. Man spricht gerne mit seinen Gästen und steht ihnen mit Rat und Tat zur Seite. Viele Lokale sind sehr kinderfreundlich und was einen anderen nicht stört, ist in der Regel auch erlaubt. Der Ort Enderndorf an der Grenze zwischen Großem Brombachsee und Igelsbachsee vermittelt mit seinem weiten Blick ins Tal einen wunderschönen Eindruck der spannenden Umgebung. Der Stellplatz »Panorama« ist ein sehr ruhig und idyllisch gelegener Platz an einem Südhang mit herrlichem Panoramablick zum See – er hält also, was der Name verspricht. Terrassenförmig angelegt, entstanden hier 110 Stellflächen mit festem Untergrund, die auch für große Wohnmobile geeignet sind. Große und kleine Flächen wechseln sich ab, einmal stehen zehn Fahrzeuge in einer Reihe, ein andermal gibt es quadratische Buchten, worin sechs oder acht Reisemobile gemeinsam Platz finden. Immer gibt es ausreichend Fläche, man kann sich hier wirklich bequem ausbreiten, herrlich! Die Qualität der Bau-

ausführungen macht diesen Platz zu einem echten Ganzjahresziel. Im unteren Bereich befindet sich der Empfang, wo man auch die Ver- und Entsorgung findet. Die Stromsäulen sind gut verteilt und jedes Wohnmobil hat einen guten Zugriff. Die nächste Badestelle am See ist ebenfalls sehr nah und außerdem von der DLRG betreut, sodass man die größeren Kinder und Jugendlichen getrost alleine zum Baden gehen lassen kann.

ZAHLREICHE FREIZEITMÖGLICHKEITEN

Bei einer Wanderung über die hinter dem Platz liegende Kuppe sieht man nach zwei Kilometern die ersten Hopfengärten, die typisch für das Spalter Land sind. Bis heute haben sich hier traditionsreiche, oft mehrere Jahrhunderte alte Brauereien ihr ursprüngliches Handwerk erhalten und sind zu Recht stolz darauf. Die »Halbe Bier«, wie der Franke sagt, kostet hier oft weniger als 2,50 € und der Schweinsbraten oder das »Schäuferle« keine 10 €. Hier hat man wahrlich das Gefühl, dass die Welt noch in Ordnung ist!

Wer sportliche Betätigung sucht, wird aufgrund der Möglichkeiten vielleicht ein wenig überfordert sein. Wandern, Radfahren und Nordic Walking – na klar! Surfen, Segeln, Tauchen und Schwimmen – kein Problem! Angeln, Kajakfahren, Klettern und Skaten – selbstverständlich! Aber auch Entspannung, Erholung und Genuss kommen bestimmt nicht zu kurz. Ausgedehnte fränkische Kiefernwälder laden zum Beerenpflücken und Pilzesammeln unter kundiger Führung ein. Der Karpfen und die Forelle werden von den Fischbauern selbst gezogen und geerntet. Gebacken landen sie dann so frisch auf dem Teller, wie man es selten erlebt. Orte wie Pleinfeld, Heideck oder Hilpoltstein erobern ihre Besucher mit ihrer traditionellen fränkischen Bauweise.

Eine Woche kann man im Fränkischen Seenland also problemlos verbringen, sogar ohne zweimal denselben Stellplatz anfahren zu müssen – und dabei sind die Campingplätze noch gar nicht miteingerechnet!

Stellplatz mit Seeblick

INFOS

WOHNMOBILSTELLPLATZ PANORAMA
Enderndorf am See, 91174 Spalt, Tel. 09837/328, www.fraenkisches-seenland.de

GPS: 48.872222, 11.031806

ANFAHRT: RH 13, Abzweigung »Zum Igelsbachsee«

KOSTEN PRO ÜBERNACHTUNG: 110 Stellplätze für 10 € inkl. Ver- und Entsorgung sowie Kurbeitrag

GEÖFFNET: 15. März–15. Nov., keine Reservierungen

SONSTIGES: Strom: 1 €/1,8 kWh (Münzautomat)

TIERE: Hunde erlaubt

TOURIST-INFO: Tourist-Information Stadt Spalt, Gabrieliplatz 1, 91174 Spalt, Tel. 09175/796550, www.spalt.de

KULINARISCHES: Brötchenservice an den Wochenenden und täglich während der Hauptsaison (auf Vorbestellung), Grillplatz, Gasthaus Rathmann, Laffenau 6, 91180 Heideck-Laffenau, Tel. 09177/326, www.gasthaus-rathmann.de, fränkische Küche »at its best«

26 WOHNMOBILSTELLPLATZ AM MAIN-DONAU-KANAL

Hilpoltstein und das Vermächtnis des Alfons Goppel

In seiner Sendung »Scheibenwischer« persiflierte Dieter Hildebrandt den Bau des Kanals einmal als »Alfons-Goppel-Prestige-Tümpel«. Das sagt alles über das umstrittene Bauwerk, das der ehemalige bayrische Landesvater durchsetzte. Nun ist er seit dem Ende der 1980er-Jahre fertiggestellt und bietet Wohnmobilfahrern einen wunderschönen Stellplatz an seinen Ufern!

Die Bezeichnung variiert zwischen Main-Donau-Kanal oder Rhein-Main-Donau-Kanal. Allein auf seinem Weg von Nürnberg bis Hilpoltstein besitzt der Kanal fünf riesige Schleusenanlagen, um den Höhenunterschied auszugleichen. Auf dem Wohnmobilstellplatz Main-Donau-Kanal sitzt man sozusagen in der ersten Reihe, um dieses Spektakel aus nächster Nähe zu betrachten. Der Stellplatz ist eine Wiesenfläche, hat keinen Strom und keine Parzellierung in irgendeiner Form. Man steht, wie die Wohnmobile passen. Stellen Sie sich also so nah an die Uferböschung, wie es geht, und lassen Sie auf keinen Fall so viel Abstand, dass noch ein weiteres Fahrzeug dazwischen passt, denn einer wird es tun! Außer nach mehreren Tagen Regenwetter lassen sich die Wiesen sehr gut befahren. Auch Wohnmobile mit einem Gewicht von 7,5 Tonnen und mehr werden getragen.

Die Auswahl bei der Tagesgestaltung ist vielfältig. Badefreunde können über die nahe gelegene Brücke an den benachbarten Rothsee fahren, der schon Teil des Fränkischen Seenlandes ist. Gleich am nur 1,5 Kilometer entfernten See befindet sich ein weiterer Wohnmobilstellplatz. Dort findet man auch die Ver- und Entsorgung sowie eine Gastronomie mit Seeterrasse.

RADTOUREN ENTLANG DES KANALS

Am Main-Donau-Kanal kann man wunderbar angeln und die Wiesen eignen sich hervorragend für Ballspiele jeglicher Art. Grillen und Ausbringen der Campingausrüstung

So lässt es sich aushalten!

ist ebenfalls gestattet. Da im Bereich von Hilpoltstein, Roth, Rothsee sowie am Kanal jährlich der berühmte Rothsee-Triathlon stattfindet, ist eigentlich die gesamte Region par excellence zum Radfahren, Laufen und Schwimmen geeignet. Letzteres ist auch im Bereich der ausgeschnittenen Anlegestellen des Kanals möglich. Der Stellplatz befindet sich genau zwischen den beiden Schleusenanlage von Eckersmühlen und Hilpoltstein, die gut per Rad zu erreichen sind. Der Radweg am Kanal ist durchgängig bis Nürnberg und in das Altmühltal befahrbar. Er ist, mit wenigen Ausnahmen im Bereich der Schleusen, völlig eben.

Entlang des Radweges sind es nur zwei Kilometer bis in die Ortsmitte von Hilpoltstein. Hier findet man alle notwendigen Einkaufsmöglichkeiten. Der Ort erscheint in typisch fränkischer Bauweise: liebliche Fachwerkhäuser mit hohen Giebeln, fast wie man sie von der Modelleisenbahnanlage kennt. Die tausendjährige Burg thront über allem und prägt das Stadtbild. Der erste Weg sollte Sie direkt ins Tourismusbüro führen. Dort erhält man einen kostenlosen Faltplan für eine wunderbare Stadttour, die nicht nur zu allen Sehenswürdigkeiten führt, sondern auch die Geschichte der traditionsreichen Handwerkshäuser und Gasthäuser näherbringt. Eines der ältesten Anwesen der Stadt ist der Brauereigasthof »Zum Schwarzen Ross« aus dem 14. Jahrhundert. Zu Kaffee und Kuchen muss man aber unbedingt in das Café Grimm in der gepflasterten und verkehrsberuhigten Zone einkehren. Das Gebäude wurde als Hilpoltsteiner Bürgerhaus 1450 fertiggestellt, 1910 von Xaver Grimm als Konditorei eröffnet und befindet sich bis heute im Familienbesitz.

Zurück am Stellplatz sollte man den Abend genießen und hoffen, dass eines der riesigen Donau-Kreuzfahrtschiffe auf dem Weg in die Schleuse ist. Dann bietet sich ein wirklich beeindruckendes Schauspiel.

Die 1000-jährige Burg von Hilpoltstein

INFOS

WOHNMOBILSTELLPLATZ MAIN-DONAU-KANAL
Am Main-Donau-Kanal, 91161 Hilpoltstein, Tel. 09174/978505, www.hilpoltstein.de

GPS: 49.204389, 11.188306

KOSTEN PRO ÜBERNACHTUNG: 80 Stellplätze für 6 €

GEÖFFNET: 15. April–15. Okt.

SONSTIGES: Ver- und Entsorgung auf der anderen Kanalseite am Rothsee/Seezentrum Heuberg

TIERE: Hunde erlaubt

TOURIST-INFO: Tourist-Information Hilpoltstein, Marktstraße 1, 91161 Hilpoltstein, Tel. 09174/978505, www.hilpoltstein.de

KULINARISCHES: Brauereigasthof und Hotel »Zum Schwarzen Ross«, Marktstr. 10, 91161 Hilpoltstein, Tel. 09174/976980, www.hotelschwarzesross.de
Café Grimm, Christoph-Sturm-Str. 4, 91161 Hilpoltstein, Tel. 09174/1460, www.cafe-grimm.com, selbst gemachte Torten und Kuchen, sehr schön ist es auch, vorne zur Straße zu sitzen.

SEHENSWERT: Schleusenanlagen von Eckersmühlen und Hilpoltstein, Rothsee

27 WOHNMOBILHAFEN MAINSTOCKHEIM

Ein Platz an der Fähre zwischen Main und Wein

Die unterfränkische Weinregion um den Ort Mainstockheim an den Ufern des Mains ist mit den Nachbarstädten Kitzingen und Würzburg ein interessantes Reiseziel. Sanft schlängelt sich der Fluss durch sein oft unberührtes Bett und die Hänge speichern die Wärme für einen guten Tropfen.

Auch bei trübem Wetter gut befahrbar

2007 hatte der Fährmann Jochen Stulier die Idee, in Mainstockheim einen Wohnmobilstellplatz in direkter Nachbarschaft zur Fähranlegestelle zu errichten. Heute sind sowohl die Gemeinde als auch die Wohnmobiltouristen froh, dass dieses Vorhaben in die Tat umgesetzt wurde. Der vordere Teil des Wohnmobilhafens Mainstockheim ist fest geschottert und reicht direkt bis an die Uferkante. Dahinter sind weitere befestigte Fahrspuren, die zu den Plätzen im Wiesenbereich führen. Die Abmessungen der Plätze sind gut kalkuliert und auch die Gesamtausmaße des Wohnmobilhafens erinnern an einen Camperpark in den USA. Auch große Wohnmobile haben hier viel Rangier- und Stellfläche. An der Zufahrt zur Fähre ist ein Bodeneinlass für die Entsorgung, frisches Wasser und ein Stück weiter die Kassettenentleerung. Für 8 € inkl. Strom finden hier offiziell bis zu 60 Fahrzeuge Platz, aber es könnten auch gut 80 sein! Ein Stück weiter an der linken Uferseite finden Kinder einen schönen Spielplatz mit Wiese. Auch eine öffentliche Grillhütte ist vorhanden. Vom Wohnmobilhafen aus kann man endlos am Mainufer Rad fahren und spazieren gehen, mit oder ohne Hund. Lassen Sie das sanfte Rauschen des Wassers auf sich wirken und winken Sie entspannt den vorbeifahrenden Schiffsführern zu!

WANDERUNGEN DURCH WEINLAGEN

Durch den Grunderwerb des Ebracher Klosters im Jahr 1140 wurde der Ort Mainstockheim erstmals urkundlich erwähnt. Bereits 1515 wurde die noch heute bestehende Fährverbindung über den Main nach Albertshofen in Betrieb genommen. Mainstockheim selbst hat einige bedeutende Weinlagen, die

sich vom Fluss aus in die Höhe ziehen. Der schönste Aussichtshöhepunkt in den Weinbergen ist aber sicherlich das »Mainstockheimer Hofstück«. Zu diesem Ziel führt den Wanderer der noch recht neue sogenannte »Halt-a-mal-Weg«, der ab der Ortsmitte Mainstockheims sehr gut ausgeschildert ist. Darüber hinaus gibt es einen sehr ansprechenden naturbelassenen Weinwanderweg, der dem Besucher an 13 Stationen viel Wissenswertes über den Ort und seinen Wein vermittelt.

Sie wollten außerdem schon immer mal ein Stück des Jakobswegs gehen, um ein Gefühl dafür zu bekommen, was die Menschen da so auf sich nehmen? Hier hätten Sie eine gute Gelegenheit dazu. Am Ende des Weinwanderweges sind es nämlich nur noch 200 Meter bis zur nächsten Abzweigung, die der Jakobsweg kreuzt und Sie in südlicher Richtung durch den Ort bis an den Main führt, wo es – theoretisch – weitergeht bis zum spanischen Ziel. Sehr schön, unterhaltsam und informativ sind die Stadtführungen durch Mainstockheim mit Laura Voit, der Weinprinzessin der Jahre 2011 bis 2013. Der gemeinsame Gang führt durch den alten Ortsteil, wo man, ausgeschmückt mit der einen oder anderen Anekdote, viel über den Ort, den Wein und die Menschen erfährt. Die Führungen starten von April bis Oktober nach individueller Absprache und kosten 3 € pro Person.

Zurück am Stellplatz können Sie sich ja mal fragen, ob Sie schon mal mit einer Fähre

Beim Rundgang durch Mainstockheim

zum Essen gefahren sind. Auf der anderen Seite des Mains lockt in Albertshofen das Gasthaus zum Anker mit guter, fränkischer Küche. Aber nicht die letzte Fähre für den Rückweg verpassen, denn die nächsten Brücken sind erst in Dettelbach und Kitzingen!

Da der Stellplatz der Stadt Würzburg auch keine Offenbarung ist, bietet es sich an von Mainstockheim aus eine Besichtigung zu starten. Entlang des Mainradweges sind es 17 Kilometer, mit der Regiobahn angenehme 30 Minuten. Würzburgs Highlight ist das als UNESCO-Weltkulturerbe eingestufte Residenzschloss.

INFOS

WOHNMOBILHAFEN MAINSTOCKHEIM
Albertshöfer Str., 97320 Mainstockheim, Tel. 09321/91660, www.mainstockheim.de

GPS: 49.771961, 10.155714

KOSTEN PRO ÜBERNACHTUNG: 60 Stellplätze für 8 € inkl. Strom, Ver- und Entsorgung, Wasser

GEÖFFNET: ganzjährig

SONSTIGES: für große Wohnmobile geeignet

TIERE: Hunde erlaubt

TOURIST-INFO: Tourist-Information Mainstockheim, Friedrich-Ebert-Str. 5, 97320 Mainstockheim, Tel. 09321/91660, www.mainstockheim.de
Tourist-Information Würzburg, Turmgasse 11, 97070 Würzburg, Tel. 0931/372335, www.wuerzburg.de

KULINARISCHES: Gasthaus zum Anker, Mainstr. 46, 97320 Albertshofen, Tel. 09321/382259, www.anker-albertshofen.de

SEHENSWERT: Mainstockheimer Hofstück, Stadtführung mit Laura Voit, Weinprinzessin 2011–2013, nach Absprache, Tel. 0171/9888630 oder unter weinprinzessin.mainstockheim@t-online.de, www.mainstockheim.de/pages/tourismus/sehenswert.php

28 SCHÖNE AUSSICHTEN IN BAYERBACH

Im Niederbayerischen Bäderdreieck

Das Niederbayerische Bäderdreieck mit den Kurorten Bad Birnbach, Bad Griesbach und Bad Füssing bietet in einem Umkreis von gerade mal 40 Kilometern auf verschiedenen Stellplätzen und Campinganlagen ca. 500 Wohnmobilstellplätze. Mitten im Bäderdreieck liegt unser Ziel: die terrassenartige Anlage des VITAL Camping Bayerbach.

Erst im Jahr 2011 eröffnete das mit viel Aufwand angelegte »Terrassencamping« in Bayerbach. Die Zahl der Mitbewerber unter den Stellplätzen ist riesig und ein Neuer muss sich erst mal beweisen. Diesen Vorteil kann man sich aber zunutze machen und auf dem VITAL Camping Bayerbach zu einem akzeptablen Tagespreis oder – bei längerem Aufenthalt – zu einem attraktiven Paketangebot unterkommen. Die Fünf-Sterne-Anlage bietet neben einem unschlagbaren Blick, der sich von den Terrassen über das gesamte Tal hinweg erstreckt, ein eigenes Thermalbad mit Saunalandschaft und Wellnessbereich, einen großen Schwimmteich, den Gasthof mit Biergarten »Huckenhamer Stadl«, erstklassige Sanitäranlagen und sogar eine eigene Kapelle! So schön die terrassenförmige Anlage auch ist: Der Weg nach ganz oben ist zum Teil schon eine kleine Herausforderung. Wohnmobile und Wohnwagen werden meist längs wie in einer Parklücke platziert, das garantiert allen eine schöne Perspektive. Das Highlight des Sommers ist der schöne Schwimmteich des Campingplatzes, der zum Baden und Verweilen einlädt. Sehr entspannend an kalten Wintermorgen ist es, den Tag im angenehm warmen Thermalbad zu star-

Bequemes Lager in Bayerbach

ten, das bereits um 07.30 Uhr seine Pforten öffnet.

Direkt ab dem Stellplatz erschließen sich Wanderwege in alle Himmelsrichtungen. Der nördliche Hinterausgang an der Christophorus-Kapelle führt beispielsweise unmittelbar in die hügelige Umgebung. Sehr schön ist auch die kurze Entfernung zum Ort Bayerbach, wo man in wenigen Gehminuten Einkaufsmarkt, Metzgerei und Bahnhof erreichen kann.

AUSFLUG IN DIE DREIFLÜSSESTADT

Apropos Bahnhof: Dieser bietet eine hervorragende Anbindung an das knapp 40 Kilometer entfernte Passau. Ein Tagesausflug in die Drei-Flüsse-Stadt am Zusammenfluss von Donau, Inn und Ilz darf man auf keinen Fall versäumen. In einer Stunde und zwanzig Minuten kommt man von Bayerbach aus ganze 16-mal täglich nach Passau und zurück. Besonders günstig sind Gruppentickets wie das Bayernticket oder das Südostbayernticket für bis zu vier bzw. fünf Personen. Also schnell am Stellplatz nachgefragt, da möchte bestimmt noch jemand mit! Für eine ausgedehnte Altstadt-Tour in der gut 50 000 Einwohner zählenden Stadt Passau sollte man, mit Einkehr in einem der zahlreichen Gasthäuser sowie einer Dombesichtigung, gut und gerne fünf bis sechs Stunden kalkulieren. Im Norden der Stadt thront mit der Veste Oberhaus die frühere Residenz der Fürstbischöfe des Hochstifts Passau.

Der Arterhof ist nicht weit entfernt.

Die umliegenden, kleineren Orte lassen sich vom Stellplatz aus hervorragend über die Fahrradwege erreichen. Besonders Bad Birnbach mit seiner kleinen, aber feinen altertümlichen Innenstadt ist wirklich sehenswert. Aber auch die Angebote am VITAL Camping Bayerbach bieten viel Abwechslung. Neben der Gastronomie vor Ort empfehlen wir Ihnen einen Spaziergang zum urigen Gasthof zur Mühle. Hier kehren viele Einheimische ein, das typisch bayerische Speisenangebot ist preislich attraktiv und sehr schmackhaft.

INFOS

VITAL CAMPING BAYERBACH
Huckenham 11, 94137 Bayerbach, Tel. 08532/9278070, www.vitalcamping-bayerbach.de

GPS: 48.415278, 13.130000

KOSTEN PRO ÜBERNACHTUNG: 330 Stellplätze ab 24 € inkl. Wasser, Entsorgung, Benutzung der Sanitäranlagen, Kurtaxe: 1 €/Person, günstige Pauschalangebote, Campingkarten aller Art werden akzeptiert.

GEÖFFNET: ganzjährig

SONSTIGES: Strom: 0,60 €/kWh, frostsicheres Frischwasser, Reinigung der Sanitäranlagen mehrmals/Tag, private Mietbäder vorhanden

TIERE: Hunde erlaubt, Leinenpflicht, 2,50 €/Nacht

TOURIST-INFO: Tourist-Information Bayerbach, Neuer Marktplatz 1, 84364 Bad Birnbach, Tel. 08563/963040, www.badbirnbach.de
Tourist-Information Passau, Bahnhofstraße 28, 94032 Passau, Tel. 0851/955980, www.passau.de

KULINARISCHES: Huckenhamer Stadl, Huckenham 11, 94137 Bayerbach, Tel. 08532/9278070, www.huckenhamer-stadl.de
Gasthof zur Mühle, Mühlstr. 3, 94137 Bayerbach, Tel. 08532/96160, www.gasthof-zur-muehle.de, gemütliches Gasthaus zum Verweilen, viele Einheimische

SEHENSWERT: Stadt Passau, Dom, Veste Oberhaus

29 NATURNAH AM MAISACHER FREIBAD

Ruhe vor den Toren Münchens

Ein kostenloser Stellplatz allein macht noch keinen Frühling! Aber wenn er dann noch naturnah am Freibad im schönen Maisach liegt, sollte man schon genauer hinhören. Da München ja nicht als besonders wohnmobilfreundliche Stadt gilt, ist dies mit Sicherheit eine Alternative für einen Tagesausflug in die bayrische Hauptstadt. Der Platz kann ganzjährig genutzt werden und bietet zur Badesaison eine willkommene Erfrischung.

Vom Stellplatz bis zur Ortsmitte von Maisach sind es gerade mal 600 Meter und der Bahnhof liegt nur 400 Meter weiter. Mit der S-Bahn geht es bequem in ca. 25 Minuten ohne Umstieg nach München. Hunde sind auf dem Platz erlaubt und von dort ist es nur ein »Hundesprung« in die Felder und Wiesen.

Natürlich findet man in Maisach alle Einkaufsmöglichkeiten und gastronomische Angebote. Unsere Empfehlung ist das Bräustüberl Maisach, das mit Räuber Kneißl Dunkel ein Bier mit ganz eigener Geschichte braut. Der Räuber Mathias Kneißl trieb bis 1902 sein Unwesen und wurde im Volksmund auch der »bayerische Robin Hood« genannt. Neben dem süffigen Tropfen ist Kneißl sogar ein kleines Museum gewidmet, in dem seine Originalbekleidung, Zeitungen und selbst die Guillotine seiner Hinrichtung bestaunt werden können.

Vielleicht sind Sie ja das erste Mal in München oder Sie waren schon einmal hier und möchten diesmal etwas anderes erleben als üblich? Dann haben wir den ultima-

In Maisach steht man ruhig und von Natur umgeben.

tiven Tipp: eine Schmankerl-Tour durch die Altstadt.

Bei dieser Führung können Sie allerlei Münchner Leckerbissen verköstigen. Nach einem Willkommenstrunk am Isartor geht es auf kulinarische Entdeckungsreise durch die Altstadt. Versuchen Sie sich als Biersommelier oder kosten sie traditionell gebackenes Brot mit Münchens bestem Obatzda. Am Viktualienmarkt gibt´s eine frische Weißwurst. Den Höhepunkt der Tour bildet die Schmalznudel, auch bekannt als Café Frischhut. Dort können Sie zuschauen wie Auszog´ne, Strizerl oder Schmalznudeln gemacht werden und sich diese auch gleich schmecken lassen. Die Portionen während der Tour sind reichlich und ersetzen ganz bequem das Mittagessen. Eine wirklich gelungene und unterhaltsame Art und Weise seine Mahlzeit zu sich zu nehmen. Der Preis geht mit 29 € wirklich in Ordnung und die Tour dauert etwas über zwei Stunden. Da bleibt im Anschluss noch genug Zeit für weitere Entdeckungen. Aber denken Sie immer daran, dass München sehr großflächig ist. Eventuell ist es ratsam, bei der Anreise mit der S-Bahn ein Tagesticket zu wählen, damit man dann je nach Witterung bis in den Abend hinein flexibel ist.

Für diejenigen, die mit München gar nichts am Hut haben oder es schon kennen, ist zum Beispiel eine Fahrradtour in das nahe gelegene Fürstenfeldbruck eine willkommene Alternative. Auch der Ammersee ist nur 14 Kilometer entfernt. Für alle Radfahrer mit E-Bike mittlerweile ja eine Kurzstrecke.

Maisach ist ein schöner Ort, um einfach mal auszuspannen, eine Wanderung durch die Umgebung zu machen oder mit den Kindern einen Badetag im Freibad zu genießen.

Die Schmankerl-Tour führt durch die Münchener Altstadt.

INFOS

STELLPLATZ AM FREIBAD

Badweg, 82216 Maisach, Tel. 08141/9370, www.maisach.de

GPS: 48.222222, 11.258056

KOSTEN PRO ÜBERNACHTUNG: 5 Stellplätze kostenlos ohne Strom, Ver- und Entsorgung

GEÖFFNET: ganzjährig

TIERE: Hunde erlaubt

TOURIST-INFO: Touristeninformation München, Marienplatz 8, 80331 München, Tel. 089/23396500

KULINARISCHES: Bräustüberl Maisach, Haupstr. 24, 82216 Maisach, Tel. 08141/94210, www.wirtshaus-maisach.de

SEHENSWERT: Münchener Stadtvogel Führungen, Tel. 089/203245360, www.stadtvogel.de

30 HOPFEN AM SEE HEISST SIE WILLKOMMEN

Im Reich der bayerischen Königsschlösser

Das Füssener Land mit seinem Besuchermagneten Schloss Neuschwanstein im Schatten des Allgäuer Tegelbergs muss man gesehen haben. Es gibt hier unzählige Stellplätze, die nicht unbedingt schön liegen. Wir finden, in diesem Umfeld sollten Sie sich etwas ganz Besonderes gönnen – besonders, wenn Sie mit Kindern unterwegs sind!

Sicherlich lässt sich über die Ausstattung von Wohnmobilen und wie viel man als Wohnmobilfahrer wirklich benötigt, wunderbar streiten. Wohnmobilstellplätze, die mittlerweile 15 € und mehr verlangen, gibt es zu Genüge, Campingplätze, die 25 € und mehr berechnen, aber auch. Wenn man auf dem Campingplatz der Familie Mayr an den Ufern des Hopfensees zu Gast ist, wird man vielleicht sogar noch mehr bezahlen müssen. Aber dafür versprechen wir Ihnen, dass Sie eine solche Perfektion an Organisation und Ausstattung wahrscheinlich noch nicht erlebt haben! Dieser Platz ist ein wahres Paradies für Familien mit Kindern. Wunderschön gelegen im Ort Hopfen am See, direkt am Wasser, bietet er über Hallenbad, Wellnessoase, Kinderspielhäuser, Eisbahn und sogar eine eigene Rodelliftanlage wirklich alles, was das Herz begehrt. Die Sanitäranlagen gehören bestimmt zu den Besten, die man europaweit finden kann. Auch für die Kinderbetreuung ist gesorgt, sodass sich die Eltern auch mal eine Auszeit für sich gönnen können. Hunde sind ebenfalls willkommen.

Im Sommer kann man hier herrlich baden, Boot fahren und surfen, und eine Runde um den See nimmt bei gemütlicher Geschwindigkeit rund 90 sportliche Minuten in Anspruch.

Die 300 Stellplätze des Campings Hopfensee erstrecken sich von der oberen Hanglage bis an das Seeufer hinab. Dauercamper gibt es hier nicht. Wohnmobile werden nach Möglichkeit im unteren, sehr ebenen Seebereich platziert. Die Größe der »Grundstücke auf Zeit« liegt zwischen 70 und 120 Quadrat-

Alpenpanorama am Hopfensee

meter. Sie sind durch Hecken oder Baumbewuchs voneinander getrennt. Die Wege des Platzes sind alle asphaltiert. Der Campingplatz hat eine eigene Uferfront, die mit einer kleinen Wiese und Stegen ins Wasser ausgestattet ist. In der Badesaison wird im Wasser eine Schwimminsel installiert, von der aus man ins Wasser springen oder eine kurze Schwimmpause einlegen kann. Brötchen müssen nicht vorbestellt werden, da vor Ort ein Lebensmittelgeschäft ganztägig geöffnet hat. Die Gastronomie mit der einladenden Terrasse und dem guten Preis-Leistungs-Verhältnis ist ebenfalls sehr zu empfehlen.

Naturnahe Stellplätze direkt am See

HOCH ÜBER HOHENSCHWANGAU

Auch der Tegelberg ist mit seiner Seilbahn ein attraktives Sommerziel. Im Winter lockt er ebenfalls, insbesondere mit dem campingplatzeigenen Shuttle-Service zu den Litten am Berg. Oben angekommen eröffnet sich eine völlig neue Perspektive. Es gibt wunderschöne Rundwege im Gipfelbereich und drei verschiedene Möglichkeiten, den Rückweg bergab anzutreten.

Zu einem Besuch von Schloss Neuschwanstein gibt es genau zwei Meinungen: Entweder man möchte, oder man möchte nicht! 1,5 Millionen Besucher jährlich sprechen eine deutliche Sprache. Natürlich sind nicht nur die Königsschlösser einen Besuch wert. Mit dem Fahrrad benötigt man vom Stellplatz aus lediglich 20 Minuten in die sehr ansehnliche Altstadt von Füssen. Hier vereinen sich unterschiedliche Epochen zu einer Kulisse, die den romantischen Eindruck unvergessen macht: Die kleinen, verwinkelten Gassen sind Zeugen einer florierenden, mittelalterlichen Stadt. Über ihnen recken sich hohe, gotische Häusergiebel in den Himmel. Neben den reich dekorierten Kirchen aus der Zeit des Barock und Rokoko finden sich Überreste der alten Stadtmauern.

Zu jeder Jahreszeit reizvoll

INFOS

CAMPING HOPFENSEE
Fischerbichl 17, 87629 Füssen, Tel. 08362/917710, www.camping-hopfensee.de

GPS: 47.601900, 10.683211

KOSTEN PRO ÜBERNACHTUNG: über 300 Stellplätze ab 37 € inkl. 2 Personen und Umweltabgabe in der Nebensaison

GEÖFFNET: 15. Dez.–05. Nov.

SONSTIGES: Reservierung erforderlich, keine Zeltwiese

TIERE: Hunde erlaubt

TOURIST-INFO: Tourist-Information Füssen, Kaiser-Maximilian-Platz 1, 87629 Füssen, Tel. 08362/93850, www.fuessen.de

KULINARISCHES: Restaurant Hoigarte (am Campingplatz), Tel. 08362/917713, www.restauranthoigarte.de

SEHENSWERT: Schloss Neuschwanstein, www.neuschwanstein.de, Information zu Preisen und Kombitickets

31 CAMPING RESORT ZUGSPITZE

Ein besonderes Schmankerl in Oberbayern

Knapp 100 Kilometer südlich von München, im Landkreis Garmisch-Partenkirchen, liegt der Ort Grainau. Traumhafte Landschaften und das imposante Panorama von Zugspitze, Waxenstein und Alpspitze – das ist Grainau. Der blaugrün schimmernde Eibsee oder die Höllentalklamm machen aus diesem Örtchen einen perfekten Ausgangspunkt für Unternehmungen im Winter und im Sommer.

Ausreichend Platz selbst für »Dickschiffe«

Eingebettet in diese grandiose Landschaft befindet sich das Camping Resort Zugspitz. Erst 2013 wurde es eröffnet und besitzt alle Annehmlichkeiten, die man sich von einem Fünf-Sterne-Campingplatz erwartet. 75 Stellplätze mit Strom, Ver- und Entsorgungssäulen sowie 50 Stellplätze mit Privatbad, Wasseranschluss und eigenem Gasanschluss wurden errichtet. Der gesamte Platz ist perfekt verdichtet und eignet sich dank der großzügigen Zufahrt hervorragend für »Dickschiffe«. Im modernen Rezeptionsgebäude stehen den Urlaubern ein Fitnessraum, ein schicker Sauna- und Wellnessbereich, ein Ski- und Trockenraum und ein Campingshop zur Verfügung. Das Sanitärgebäude mit Einzelduschen, WC, Waschmaschine, Trockner und Privatbädern (bei Bedarf) etc. befindet sich im Anbau daneben. Für die kleinen Gäste gibt es einen Alpenkinderspielplatz mit Spielhaus, und auch an Bello & Co. ist gedacht. Ein Gassiweg führt vom Campingplatz durch einen kleinen Wald in die »freie Natur«. Nach dem Spaziergang kann das Haustier in die Hundedusche.

Nur ein paar Stufen entfernt befindet sich ein Supermarkt. Der Bus hält vor dem Campingplatz. In der Stellplatzgebühr sind die Kurtaxe und somit auch die GrainauCard enthalten. Mit ihr kann man kostenlos die Eibseebusse und die Verbindungen nach Garmisch-Partenkirchen benutzen. Im Winter gesellen sich die Skibusse, die die Wintersportbegeisterten an die Pisten bringen, hinzu. Eine Info

aller weiteren Vergünstigungen erhalten Sie an der Rezeption.

Vor der Zufahrt zum Resort befindet sich auf der rechten Seite noch eine Stellplatzmöglichkeit: ein Wohnmobilhafen mit weiteren 125 Stellplätzen. So kann jeder frei wählen, wie sehr er seinen Geldbeutel belasten will. Hier sind die Stellplätze kleiner parzelliert, aber immer noch ausreichend. Der geschotterte Untergrund bietet das ganze Jahr hindurch optimale Befahrbarkeit. Die Pauschale von 15 € beinhaltet zwei Personen und die Nutzung der Sanitäranlagen. Da dieser Platz näher zur Straße hin liegt, ist mit etwas mehr Lärmbelästigung zu rechnen. Zwischen 23 Uhr abends und 6 Uhr morgens tritt aber immer Ruhe ein und ein guter Schlaf ist gewährleistet. Der Platz grenzt direkt an die Loisach, hat ebenfalls ein Bistro und einen sehr schön angelegten Spielplatz.

SPORT UNTER DEM HÖCHSTEN GIPFEL DEUTSCHLANDS

Für sportlich Ambitionierte ist Grainau ein Paradies. Auf sanft ansteigenden Wander- und Spazierwegen von insgesamt 100 Kilometer Länge kann man die Gebirgswelt rund um das Zugspitzdorf zu Fuß oder per Rad erkunden. Aber auch das Wasser hat hier einiges zu bieten. Ob Kajakfahren auf der Loisach, Schwimmen, Gleitschirmfliegen, Golfen, Nordic Walking oder Genusswandern – das sportliche Angebot ist wirklich fast grenzenlos. An Regentagen lässt es sich außerdem im

Imposante Bergkulisse

Zugspitzbad mit Hallenbad, Dampfbad, Solebecken, Massage und Wellnessangebot herrlich entspannen. Bei diesem Angebot kann es wirklich niemandem langweilig werden!

Das Camping Resort Zugspitze liegt direkt am Ausläufer der spektakulären Kandahar-Abfahrt. Wer den Jahreswechsel hier verbringen möchte, kann an diesem berühmten Weltcup-Event hautnah teilhaben. Auf sieben Kilometer Länge bietet die Skipiste verschiedene Abfahrten, sowohl für anspruchsvolle Skifahrer als auch für weniger Geübte – Après-Ski inbegriffen.

Alles in allem ist unser Fazit: Das Camping Resort bietet auf hohem Niveau Service sowie Facilities und mit dem Wohnmobilhafen gleich die passende Alternative. Die Lage ist bestechend und sucht wirklich seinesgleichen.

INFOS

CAMPING RESORT ZUGSPITZE
Griesener Straße 9, 82491 Grainau bei Garmisch-Partenkirchen, Tel. 08821/9439115, www.perfect-camping.de

GPS: 47.477483, 11.051944

KOSTEN PRO ÜBERNACHTUNG: Stellplatz für 2 Erwachsene ab 36 € inkl. Dusche und Sauna- & Fitnessbereich, Kinder bis 4 Jahre: frei, Kinder bis 15 Jahre: 8 €, Kurtaxe Erwachsene: 2,80 €, Kurtaxe Kinder: 1 €

GEÖFFNET: ganzjährig

SONSTIGES: Strom: 0,80 €/kwH, Gas: 4 €/m³

TIERE: Hunde erlaubt, 4 €/Übernachtung

TOURIST-INFO: Tourist-Information Grainau, Parkweg 8, 82491 Grainau, Tel. 08821/981850, www.grainau.de

SEHENSWERT: Erlebnisweg Klima & Wasser im Wandel, Audio-Guide und Infos unter www.klimawandel-grainau.de
Das Zugspitzbad, Parkweg 8, 82491 Grainau, Tel. 08821/981826, www.grainau.de

32 BALDERSCHWANG UND DIE HÖRNERDÖRFER

Stelldichein in den Allgäuer Hochalpen

An der Schnittstelle zwischen Allgäu und Bregenzerwald hat sich über viele Jahrhunderte hinweg eine großartige Kulturlandschaft entwickelt. Eine hohe Vielfalt an Lebensräumen auf engem Areal gestaltet sie. Hier entstand mit dem Naturpark Nagelfluhkette der erste grenzübergreifende Naturpark zwischen Deutschland und Österreich.

Stellplatz mit großem Wohlfühlfaktor

Unser Ziel ist der Wohnmobilstellplatz Schwabenhof in Balderschwang. In 1044 Metern Höhe angekommen, eröffnen sich hier dem Besucher völlig neue Perspektiven auf die umliegenden Gipfel der »2000er«. Man fühlt sich hier mittendrin in dieser atemberaubenden Bergwelt. Die 40 Stellplätze verteilen sich nach unten fast bis zum Wald im Tal. Vom zentralen, asphaltierten Weg gehen die befestigten Stellflächen leicht schräg wie Parklücken links und rechts ab. Sie sind wunderbar eben und es lässt sich hervorragend rangieren, ein- und ausfahren. Oberhalb der Stellplätze, an der Zufahrt, befinden sich im Alpengasthof Schwabenhof die Rezeption und Sanitäranlagen sowie eine vernünftige Ver- und Entsorgungsanlage. Oben im Schwabenhof kann man als Wohnmobilgast die gleichen Annehmlichkeiten wie die Hotelgäste buchen: Frühstück oder gleich Halbpension. Brötchenservice wird ebenfalls angeboten und ist im Stellplatzpreis mitinbegriffen. Das Paket in dieser Panoramalandschaft ist einfach stimmig. Jeder gönnt sich seinen Luxus nach Herzenswunsch. Stellplatz mit Abendessen, Stellplatz mit Frühstücksbuffet, riesiger Kinderspielplatz mit Badeteich und Ruhezone mit Blick in die Berge gibt es – herrlich!

ZWISCHEN BAYERN UND ÖSTERREICH

Das Allgäu ist ein klassisches Ganzjahresziel, egal ob im Herbstnebel, dem tiefsten Winter,

der Frühlingsblüte oder dem warmen Sommer, wenn auf der Wiese die Allgäuer Alp-Kühe friedlich grasen! Es gehört zu den meistbesuchten Feriengebieten Deutschlands.

Nachdem man sich häuslich auf dem Stellplatz niedergelassen hat, sollte man zunächst eine erste Erkundungsrunde starten. Es gibt viel zu sehen, entdecken und erleben. Vom Platz aus geht man einfach in südlicher Richtung bergab, bis das Rauschen des Gebirgsbachs näher rückt. Sanft plätschert das Wasser vor sich hin und führt durch den kleinen Wald, bis man an eine Lichtung kommt. Es gibt nur diesen einen Pfad, dem man einfach folgen muss. Felsiger wird es, nachdem die saftige Wiese durchschritten wurde und es wieder in einen Wald geht. Das Rauschen wird immer lauter. Plötzlich sieht man auf der rechten Seite, wie sich der Bach in einem 15 Meter hohen Wasserfall nach unten stürzt. Der Weg endet hier nach einer Länge von 1,5 Kilometern, da der schmale Grat nach unten nicht für einen Abstieg geeignet ist.

Der Wohnmobilstellplatz liegt wahrlich in einer unglaublich imposanten Naturlandschaft voller Abwechslung. Wir befinden uns hier im Oberallgäu direkt an der Verbindung zwischen Obermaiselstein auf deutscher Seite und Hittisau in Österreich. Bei der Anreise hat man bereits den höchsten befahrbaren deutschen Pass, den Riedbergpass, mit 1420 Metern überquert. Der kleine Ort Balderschwang mit seinen gerade mal 250 Einwohnern zieht sich entlang der Straße und hat eine hervorragende Anbindung an den öffentlichen Busverkehr. Diesen sollte man oft nutzen, zumal er mit der Kurkarte kostenlos ist, denn die Fahrradstrecken des Allgäus verlangen der Kondition schon einiges ab! Dies gilt auch für die Wanderstrecken, die man sorgfältig nach seinem Können auswählen sollte. Oft bietet sich eine Fahrt auf einen Berg an, um im Anschluss eine längere Wegstrecke bergab zu genießen, die nicht minder anstrengend und fordernd sein muss. Im Schwabenhof hält man eine Menge an Informationen und Karten für die Gäste bereit und der Wirt gibt gerne zahlreiche Tipps. Wer noch nie hier oben in der Bergwelt gewesen ist, dem ist eine geführte Tour auf eine der umliegenden Alpen zu empfehlen.

Der höchste befahrbare Pass Deutschlands

INFOS

WOHNMOBILSTELLPLATZ SCHWABENHOF

Schwabenhof 23, 87538 Balderschwang, Tol. 08328/924060, www.schwabenhof.com

GPS: 47.457844, 10.127889

KOSTEN PRO ÜBERNACHTUNG: 40 Stellplätze ab 15 € für 2 Personen je nach Saison inkl. Kurtaxe, Ver- und Entsorgung, Badeteich, Liegewiese, Kinderspielplatz, Strom: 4 €

GEÖFFNET: ganzjährig, im Winter Reservierung empfohlen

SONSTIGES: Duschen: 0,50 €

TIERE: Hunde erlaubt

TOURIST INFO: Tourist-Information Balderschwang, Dorf 16, 87538 Balderschwang, Tel. 08328/1056, www.balderschwang.de

KULINARISCHES: Brötchenservice, Buchung inkl. Frühstück oder Halbpension möglich

SEHENSWERT: Adavasi Tours, Cornelia Bader, Enzenspergerweg 8, 87561 Oberstdorf, Tel. 08322/9589997, www.adavasi-tours.de, geführte Motto-Touren durch das Allgäu

Blick vom Wohnmobilstellplatz
Hafen Röbel

» NORDDEUTSCHLAND

33 GREETSIEL UND DIE NORDSEEKÜSTE

Frischer Wind um die Nase!

Greetsiel in der Gemeinde Krummhörn ist so friesisch wie man es sich nur vorstellen kann. Nicht umsonst dienten der Hafen, die historischen Gebäude und der Ortskern in den letzten Jahrzehnten oftmals als Kulisse für Kino- und Fernsehfilme. Nur drei Kilometer entfernt steht eines der bekanntesten Wahrzeichen Ostfrieslands: der Pilsumer Leuchtturm, der spätestens durch Filme von Otto Waalkes in ganz Deutschland bekannt wurde.

Für Wohnmobilfahrer wurde nur drei Minuten vom Greetsieler Ortskern entfernt ein eigener »Hafen« geschaffen, der in den vergangenen Jahren sehr aufgewertet wurde. Sicher, die Auswahl an Stellplätzen im weiteren Verlauf der Küste ist reichlich. Oft sind es jedoch alte Betonplatten, einige davon auf dem Deich mit Blick zum Wasser, was natürlich in einer stürmischen Herbstnacht »Wackelmobil« heißt! Hier in Greetsiel findet man in geschützter Lage an den beiden sogenannten »Zwillingsmühlen« im Süden des kleinen Dorfes eine ordentlich befestigte Fahrstraße mit 55 großzügigen Parzellen, die viel Platz zur freien Entfaltung lassen. Selbst gemeinschaftliches Grillen mehrerer Wohnmobilbesatzungen ist möglich. Die Stellplatzgebühr von 12 € inkl. Kurtaxe wird einfach am Parkautomat entrichtet.

WINDMÜHLEN UND WATT

In Greetsiel trifft man eine wunderschöne Mischung aus stolzen Windmühlen, einem malerischen Ortskern mit vielen Teestuben und Galerien, historischen Sielen und dem Krabbenkutterhafen, der charmant wie in einer ostfriesischen Puppenstube wirkt. Rund um den 600 Jahre alten Hafen, vor der Kulisse der Häuser aus dem 17. Jahrhundert, schlägt das Herz des Ortes: Hier laden zahlreiche Gaststätten und Cafés zum Verweilen ein, hier landen die Kutter ihren Fang an und hier treffen sich die Alten von Greetsiel zum Klönschnack.

Ein Platz für alle Gelegenheiten

Nur logisch also, dass der Charme des wohl schönsten Fischerdorfes an der deutschen Nordseeküste seinesgleichen sucht.

Was man auf keinen Fall an der Nordsee verpassen sollte, ist eine klassische Wattwanderung. Aber Vorsicht, wenn man diese auf eigene Faust unternehmen will: Beachten Sie in jedem Fall den Gezeitenkalender, den Sie im Kurhaus vor dem Strand in Kopie kostenlos erhalten. Denken Sie immer daran, dass man sich nicht auf einem Wanderweg bewegt! Der nasse Sand und der Schlick verlangen der Kondition einiges mehr ab und man kann bei weitem nicht so schnell gehen. Also gilt: Schätzen Sie die Entfernung richtig ein und kehren Sie rechtzeitig um, planen Sie immer eine Karenzzeit von mindestens einer Stunde ein. Denn wenn das Wasser kommt, kommt es eigentlich immer schneller als erwartet und die schnelle Steigung des Wasserspiegels bei herannahender Flut kann unangenehm überraschen. Bei kniehohem Wasser ist ein Gehen nahezu nicht mehr möglich! Die Alternative ist daher immer eine geführte Wattwanderung. Zum einen sind geführte Wanderungen mit der Kurkarte (diese ist in der Kurtaxe enthalten, man erhält sie ebenfalls im Kurhaus bei der Vorlage der Quittung der Stellplatz-Parkkarte) gar nicht so teuer und zum anderen erfährt man vom Wattführer viel Wissenswertes über die Lebewesen, was man als Laie im Watt sonst vielleicht gar nicht wahrnehmen würde.

In der Mühle gibt es frische Brötchen.

Eine andere Möglichkeit der Freizeitgestaltung ist eine Fahrt mit der Fähre von Greetsiel auf die autofreie Insel Juist, die von Greetsiel aus das ganze Jahr über möglich ist.

INFOS

REISEMOBILHAFEN GREETSIEL

Mühlenstraße 22, 26736 Krummhörn, Tel. 04926/91880, www.greetsiel.de

GPS: 53.497222, 7.101667

KOSTEN PRO ÜBERNACHTUNG: 55 Stellplätze für 12 € inkl. Entsorgung und Kurtaxe für 2 Personen

GEÖFFNET: ganzjährig

SONSTIGES: Strom: 1 €/8 Stunden, Frischwasser inkl. Entsorgung: 2 €/90 l, Wasserversorgung im Winter abgestellt

TIERE: Hunde erlaubt

TOURIST-INFO: Touristik-GmbH Krummhörn-Greetsiel, Zur Hauener Hooge 11, 26736 Krummhörn, Tel. 04926/9188-0, www.greetsiel.de

KULINARISCHES: Restaurant Fischerhus, Sielstraße 5, 26736 Greetsiel, Tel: 04926/319, www.fischerhus.de, unser Tipp: zu jeder Jahreszeit kann man hier tolle 3-Gänge-Menüs für 16,40 € genießen

SEHENSWERT: Reederei Norden-Frisia, Bülowallee 2, 26548 Norderney, Tel. 04931/9870, www.reederei-frisia.de, Fähren von Greetsiel nach Juist, Erwachsene 37,50 €, Kinder von 6–13 Jahre: 18,80 €, Abfahrten ganzjährig, siehe Fahrplan

34 STELLPLATZ AM NATURFREIBAD, RODEWALD

Für einen Zwischenstopp – und mehr

Im Städteviereck Hannover, Nienburg, Walsrode und Celle, ca. 15 bzw. 25 Kilometer entfernt von den Autobahnen A7 und A2, gibt es eine wunderschöne Übernachtungsmöglichkeit – für einen Zwischenstopp auf der Durchreise oder vielleicht doch mehr? Das Naturfreibad Rodewald hätten wir auf jeden Fall am liebsten mit nach Hause genommen!

Jeder Wohnmobilreisende auf dem Weg von A nach B kennt die Frage am späten Nachmittag: Wo übernachten wir? Wir haben uns an diesem Tag entschlossen, die Autobahn A7 an der Abfahrt Schwarmstedt zu verlassen. Von hier sind es auf der B214 Richtung Nienburg noch 15 Kilometer bis nach Rodewald in der Samtgemeinde Steimbke. An der einzigen Kreuzung im Ort biegt man rechts ab und sieht nach wenigen Metern auf der linken Seite das bekannte Schild mit dem stilisierten Wohnmobil. Ungefähr 500 Meter weiter erreicht man eine sehr schöne Wiese neben der Freiwilligen Feuerwehr Rodewald und dem Naturfreibad – das ist der Stellplatz. Die offiziell insgesamt sechs Stellplätze sind ungefähr entlang der kleinen Straße angeordnet. Hier gibt es sogar zehn (!) Stromanschlüsse für 1 € pro kWh. Ver- und Entsorgung erfolgt über eine Holiday-Clean-Anlage. Weitere Gebühren entstehen nicht, kurzum: Der Stellplatz an sich ist erfreulicherweise gratis. Wer keinen Strom benötigt, darf genauso einfach die Wiese benutzen.

»Naturbelassen« wird hier großgeschrieben.

BIOLOGISCH BADEN

Nachdem wir einen schönen Stellplatz eingenommen haben – außer uns stehen bereits drei Wohnmobile auf dem Stellplatz – werden wir langsam etwas ungeduldig und neugierig. Es sind 25 Grad, die Sonne scheint und wir möchten endlich das kühle Nass des Naturfreibades erkunden. Der Eintrittspreis beträgt für Erwachsene 3 €, Kinder (ab einem Alter von sechs Jahren) zahlen die

Hälfte. Die nette Dame von der Gemeinde erklärt uns die Einrichtung und Funktionsweise des Naturfreibades, das sich rein biologisch selbst reinigt und durch eine eigene Quelle mit Wasser versorgt wird. Ein sensationelles System! Dieses toll angelegte Freibad bietet seinen Besuchern viel zu entdecken und natürlich auch viel Spaß. Durch die naturnahe Gestaltung wird der Besuch zu einem tollen Erlebnis. Reiner Badespaß ganz ohne Chlor! Das Wasser hat angenehme 19 Grad und wir genießen die Erfrischung sehr. Für Kinder gibt es zudem noch einen sehr schönen Wasserspielplatz, für Sportliche einen Beachvolleyballplatz. Eine große Liegewiese zum Entspannen komplettiert das Angebot.

Wenn man genug gebadet hat und die Gegend erkunden möchte, ist das natürlich auch kein Problem. Man befindet sich hier an den Ausläufern der Lüneburger Heide, und daher gibt es doch noch so einiges, was man noch unternehmen kann. Direkt im Ort Rodewald beginnen vier ausgeschilderte Tagesradtouren zwischen 26 und 34 Kilometern Länge, die auf befestigten Wegen durch die Wald-, Heide- und Moorlandschaften führen. Alle vier Touren sind als Rundstrecken konzipiert, sodass man am Ende immer wieder in Rodewald ankommt.

Falls man keine Lust zum Kochen hat, empfiehlt sich das Gasthaus Beermann in Wendenborstel auf halber Strecke zwischen Rodewald und Steimbke. Für die vier Kilometer lange Strecke kann man ganz bequem den Radweg direkt ab dem Naturfreibad nutzen. Karsten Beermann bietet dort traditionelle Gerichte in einem sehr schönen Ambiente an, und als passionierter Whisky-Genießer hält er außerdem mehr als 90 Sorten in seinem Vorrat bereit.

Naturfreibad Rodewald

Auch einen Wasserfall gibt es!

INFOS

STELLPLATZ AM NATURFREIBAD, RODEWALD
Im Zentrum 2, 31637 Rodewald, Samtgemeinde Steimbke, Tel. 05026/98080, www.steimbke.de

GPS: 52.663611, 9.480278

KOSTEN PRO ÜBERNACHTUNG: 6–10 kostenlose Stellplätze (Spendenbox vorhanden)

GEÖFFNET: ganzjährig

SONSTIGES: Strom: 1 €/kWh, Ver- und Entsorgung: ca. 1 € (an Holiday Clean-Anlage neben dem Feuerwehrhaus), nur Frischwasser: 0,50 €/80 l, Müllbehälter

TIERE: Hunde erlaubt

TOURIST-INFO: Tourist-Information Steimbke, Küsterhaus, Zimmer 23 – Bauamt, Kirchstraße 6, 31634 Steimbke, Tel. 05026/980862, www.steimbke.de

KULINARISCHES: Gasthaus Beermann, Wendenborsteler Str. 33, 31634 Wendenborstel, Tel. 05026/1237, www.gasthausbeermann.de, tolle Bier- und Whisky-Auswahl, traditionelle Gerichte, mittleres Preisniveau, sehr schöne Themenabende wie z. B. Antipasta-Abend oder Wendelborster Abend

SEHENSWERT: Lüneburger Heide (vier Rad-Rundtouren möglich)

35 VIEL PLATZ AM STEINHUDER MEER

Der größte Binnensee Nordwestdeutschlands

Dieser See gehört mit einer Fläche von ganzen 29,1 km² zu den zehn größten Seen Deutschlands. Steht man an seinem Ufer, blickt man jedoch fast hinaus wie auf das Meer – und so kam das Steinhuder Meer dann auch zu seinem Namen. Wassernähe bedeutet heute auch immer Freizeit, und die wird hier großgeschrieben.

Das Gleiche gilt für diesen Wohnmobilstellplatz. Mit seinen mehr als 160 Stellplätzen zählt der Wohnmobilstellplatz Steinhude nämlich zu den Großen in der Republik. Seine Lage in wunderschöner Natur ganz nah am Steinhuder Meer macht ihn fast zu einem Garant für ein reichhaltiges Aufenthaltsprogramm. Zur Begrüßung geht es durch die Schranke und vorbei am Rezeptionsgebäude, in dem sich auch die sanitären Anlagen befinden. Die Stellplätze verteilen sich auf mehr als zwei Hektar und sind sehr schön durch Bepflanzungen in verschiedene Bereiche unterteilt. Man kann entweder etwas ruhiger am Rand oder mittendrin stehen, jeder wird hier das Richtige für sich finden. Münzstromsäulen mit jeweils acht Anschlüssen verteilen sich über die Anlage, sodass eine handelsübliche Kabellänge völlig ausreichend ist. Ein kleiner Tipp: Der nichtgenutzte Strom der Vorgänger verfällt nach deren Abreise nicht – also schauen Sie mal, ob zufällig noch Guthaben vorhanden ist! Am Rande des Platzes befindet sich eine doppelte Ver- und Entsorgungsstation, die bei der Größe des Platzes auch notwendig ist. Der komplette Untergrund des Stellplatzes besteht aus Schotter und Wiesen und ist perfekt befahrbar, was sich anscheinend bei großen Wohnmobilen herumgesprochen hat.

Neben viel Informationsmaterial über die gesamte Region und ihre vielseitigen Angebote findet man im Rezeptionsgebäude außerdem sogar eine Waschmaschine und einen Trockner. Kurzum: Für den Grundpreis

Großzügige und befestigte Stellplätze auch für schwere Wohnmobile

von 15 € pro Nacht und Mobil wird hier viel geleistet. Alles wird über Automaten bezahlt, aber dennoch ist von 10 bis 13 Uhr zusätzlich auch noch Personal vor Ort.

DAS NIEDERSÄCHSISCHE BINNENMEER

Direkt am Naturschutzgebiet gelegen, kann man praktischerweise vom Stellplatz aus schier unendliche Wanderungen oder Fahrradtouren beginnen. Der See und der wunderschöne Ort Steinhude sind nur 500 Meter entfernt. Einkaufsmöglichkeiten aller Art, Gastronomie im Überfluss und in allen Preiskategorien, mehrere tolle Kinderspielplätze, ein Badestrand, Ausflugsdampfer, Seevögel, Morgennebel, der über der Wasseroberfläche schwebt – wir sind angekommen! Besonders die alten Fischerhäuser und Scheunen in Steinhude, in denen man heute vom Kunsthandwerk bis zum Café alles findet, machen einen großen Teil des Charmes aus. Wie auf einem alten Dorfplatz reihen sich die reetgedeckten Gebäude aneinander und verleihen dem Ort seinen ganz eigenen Charme. Fischliebhaber sollten unbedingt eine der ortsansässigen Fischräuchereien besuchen. Der Fang geht ohne lange Umwege in die Verarbeitung und lässt sich in frischer oder geräucherter Form genießen.

Übrigens kann man den Fisch am Stellplatz auch selbst zubereiten, denn das Grillen und Aufstellen von Tischen und Stühlen ist ausdrücklich erlaubt! So wird jeder für sich entscheiden, wie lange er an diesem Ort verweilen möchte. Sei zum Abschluss nur gesagt, dass sich selbst die weiteste Anreise lohnt. Denn der acht mal vier Kilometer große See hat in jedem Falle »Me(e)hr« zu bieten!

Empfangsgebäude mit Sanitäranlagen

Beeindruckender Herbstblick über das Steinhuder Meer

INFOS

WOHNMOBILSTELLPLATZ STEINHUDE

Bruchdamm 3, 31515 Wunstorf-Steinhude, Tel. 0160/92632722, www.steinhuder-meer.de

GPS: 52.448889, 9.354167

KOSTEN PRO ÜBERNACHTUNG: 165 Stellplätze für 15 € inkl. Ver- und Entsorgung

GEÖFFNET: ganzjährig

SONSTIGES: Duschen: 1 €/5 Min., Strom: 0,60 €/kWh, Frischwasser: 0,10 €/10 l, Waschmaschine/Trockner: 2,50 €

TIERE: Hunde erlaubt

TOURIST-INFO: Steinhuder Meer Tourismus GmbH, Meerstr. 15–19, 31515 Wunstorf-Steinhude, Tel. 05033/95010, www.steinhuder-meer.de

KULINARISCHES: Brötchenservice, Aal- und Fischräucherei Schweer, Alter Winkel 8, 31515 Steinhude, Tel. 05033/8467, www.schweers-fischerei.de, Fischspezialitäten vom Räucheraal bis zum Fischbrötchen

SEHENSWERT: Steinhude

36 GORLEBENS HAFEN AN DER ELBE

Idylle und Ruhe im Wendland

Im Mai 1980 errichteten Atomkraftgegner für 33 Tage eine Art Utopia im Landkreis Lüchow-Dannenberg – und die Republik »Freies Wendland« war geboren. Heute bietet der Ort Gorleben am Biosphärenreservat »Niedersächsische Elbtalaue« einen wunderschönen Stellplatz an einem idyllischen Altarm der Elbe.

Die 850 Einwohner zählende Gemeinde hat weit mehr zu bieten als die Pressemeldung, wann der nächste Atommülltransport in Dannenberg auf der Straße nach Gorleben startet. Diese Region verdient es, aufgrund ihrer zahlreichen Naturschutzgebiete und landschaftlichen Besonderheiten positiver wahrgenommen zu werden. Der Wohnmobilstellplatz am sogenannten »Gorlebener Haken«, einem Altarm der Elbe am Rande des Örtchens, bietet, direkt am kleinen Jachthafen für Sport- und Angelboote gelegen, vier bis sechs Stellplätze. Diese sind zum Teil gepflastert oder befinden sich auf befestigter Wiese. Der freundliche Hafenmeister begrüßt die Gäste herzlich und erklärt, dass man auf Wunsch die Einrichtungen des Hafengebäudes nutzen kann. Neben den komfortablen Sanitäranlagen mit separaten Duschen gibt es einen gemütlichen Aufenthaltsbereich und eine Küche (!) für den Abwasch. Da reibt man sich erst einmal die Augen, was man für 7,50 € geboten bekommt. Denn ehrlicherweise muss man sagen: So wirklich hatten wir dieses Ziel auch nicht auf der Reiseroute. An der Stromsäule gibt es für pauschal 1 € Energie. Der freie Wiesenbereich neben dem eigentlichen Stellplatz eignet sich von der Befahrbarkeit ebenfalls für weitere Wohnmobile, wenn es mal voll werden sollte. Der Ort steht den mobilen Gästen sehr positiv gegenüber und plant bereits, den Platz zu vergrößern.

AUF DER ERLEBNISROUTE DER DEUTSCHEN EINHEIT

Wir hatten unsere Tour von Wittenberge aus geplant und landeten dank einer Umleitung

Ein echter Geheimtipp – der Hafen von Gorleben

auf der »Erlebnisroute der deutschen Einheit«. Das Wort Erlebnis wurde dabei zum Programm. Die nächsten 90 Minuten fuhren wir durch Ortschaften wie Pollitz, Wanzer, Gartow und machten einen Stopp am Arendsee in der Altmark. Unberührte Natur und Straßen, die diesen Namen eigentlich nicht verdienten, vergönnten uns ein ungeahntes Abenteuer auf einer unglaublichen Reise durch die Wiedervereinigung der beiden deutschen Staaten. In manchen Abschnitten hatte man das Gefühl, die Zeit wäre stehen geblieben! Felder, die nur so gespickt waren mit blühenden Kornblumen, Schweine, die zufrieden frei über die Wiesen liefen, und Hühner, die die Wege kreuzten. Es ging vorbei an ehemaligen kleinen Kasernen der DDR-Grenztruppen, die heute als einfache Pensionen für Wanderer oder Radfahrer dienen, und Gärten, in denen man auch mit dem Wohnmobil stehen kann. Der Endspurt dieser Strecke ist besonders schön ab der Ortschaft Aulosen. Hier geht es entlang der L2 bis Bömenzien und dann weiter auf die K34 »Alte Höfe / Nienwalder Weg«. Auf dieser Route überquert man die Landesgrenze von Sachsen-Anhalt zu Niedersachsen und fährt dann von Gartow nach Gorleben. In Gartow gibt es eine Tankstelle und einen kleinen Baumarkt, an dem man sich mit Gasflaschen versorgen kann.

Nach diesem geschichtlichen Exkurs sollte man es am Abend nicht verpassen, vom Stellplatz aus einen Spaziergang vom kleinen Hafen zur Elbe zu machen. Der Weg ist ca. 1,2 Kilometer lang und ein hervorragender Auslauf für Hunde. Man kann Wasservögel beobachten und Kühe und Pferde grasen gemeinsam friedlich miteinander auf den Wiesen. Übrigens ist die Elbe hier zugleich die Landesgrenze zwischen Niedersachsen und Brandenburg. Wer hätte das gedacht, was wir alles erleben, als wir Wittenberge verlassen haben. Es wäre wahrlich viel zu schade, Gorleben nur auf ein Lager für radioaktive Abfälle zu reduzieren.

Am Altarm der Unterelbe bei Vorleben

INFOS

WOHNMOBILSTELLPLATZ GORLEBEN
Ringstr. 7–9, 29475 Gorleben, Tel. 05882/284

GPS: 53.049722, 11.351111

KOSTEN PRO ÜBERNACHTUNG: 4–6 Stellplätze für 7,50 € inkl. Kurtaxe für 2 Personen

GEÖFFNET: Mai–Oktober

SONSTIGES: Strom: 1 € pauschal am Automat, Wasser: 1 €/10 Min., Nutzung des Hafengebäudes inkl. Sanitäranlagen (Dusche/WC): 1,50 € pro Person

TIERE: Hunde erlaubt

TOURIST-INFO: Tourist-Information Gartow, Springstr. 14 a, 29471 Gartow, Tel. 05846/820, www.gartow-erleben.de

KULINARISCHES: Kaminstube Gorleben, Hauptstr. 11, 29475 Gorleben, Tel. 05882/987560, www.kaminstube-gorleben.de, Peter und Bärbel Stecher betreiben das Lokal mit viel Liebe. Freitags gibt es ab 17:30 Uhr das Buffet »Rund um die Kartoffel« mit 8 Sorten Fleisch & Fisch.

SEHENSWERT: Biosphärenreservat »Niedersächsische Elbtalaue«, www.elbtalaue.niedersachsen.de
»Gartower Tannen«, der größte zusammenhängende deutsche Privatwald

37 CAMPING LAND AN DER ELBE

Am Stover Strand vor den Toren Hamburgs

Am Stover Strand liegen mehrere unterschiedlich große Campingplätze. Doch die Stellplätze des gemütlichen, familiengeführten Camping Land hinter dem Elbdeich machen einen besonders einladenden Eindruck. Mit dem Schnellbus sind es von hier nur 30 Minuten bis in die Hamburger Innenstadt. So kann man Entspannung im Grünen perfekt mit einem Ausflug in die Hafenmetropole verbinden.

Der Campingplatz teilt sich in zwei Hälften auf: Die eine liegt vor, die andere hinter dem Deich. Hat man seinen Stellplatz gefunden (bei freier Platzwahl), kann man den Strand erkunden. Eine Treppe führt sicher nach unten zum Elbstrand, der auch für Hunde freigegeben ist. Hier vergnügt man sich entweder im Wasser, spielt Volleyball oder nimmt ein Sonnenbad. Am Angelsteg kann man sein Glück versuchen. Für die eingefleischten Radfahrer bietet es sich an, dem Radweg auf dem Altengammer Hauptdeich zu folgen und die Brücke auf die andere Seite zu nehmen, um dann mit der Fähre bei Laßrönne wieder überzusetzen. Für die Abendstunden ist das ein sehr schöner Rundkurs. Zum Essen empfiehlt sich das gut besuchte Restaurant am Stover Strand. Hier gibt es leckere und reichhaltige Portionen, z. B. Hamburger Pannfisch für 16,90 € oder klassischen Flammkuchen für 11,90 €.

Die Morgensonne wird von einem Schwarm Gänse eskortiert. Es herrscht eine wohltuende Ruhe. Jetzt ist eine gute Zeit, um noch eine ausgiebige Runde zu Fuß über den Platz zu drehen. Die Kapazität des Stellplatzes lässt sich etwas schwer einschätzen, die Eigentümer sprechen von insgesamt 80 Plätzen. Die Stromanschlüsse sind an größeren Sammelpunkten konzentriert, sodass man im

Hier bleiben wir, Sie hoffentlich auch.

ungünstigsten Fall 30 bis 40 Meter Kabel benötigt. Auch für schwere Wohnmobile ist der Untergrund sehr gut befahrbar. Frische Brötchen werden am Empfang ab 8 Uhr bereitgehalten. Dort gibt es auch WLAN-Empfang. Wenn es in der Hauptsaison wirklich voll werden sollte, gibt es in der unmittelbaren Umgebung – also wirklich nebenan – weitere Wohnmobilstellplätze, die aber in Sachen Romantik nicht wirklich mithalten können.

Barfuß durch den Sand am Elbestrand

ZWISCHEN HAMBURG, NIEDERSACHSEN UND SCHLESWIG-HOLSTEIN

Für den Tag gibt es vielfältige Optionen: Entweder man macht einen spannenden Ausflug nach Hamburg oder 22 Kilometer elbaufwärts bis nach Lauenburg, der südlichsten Stadt Schleswig-Holsteins. Die sehenswerte Altstadt dieses nur gut 11 000 Einwohner großen Städtchens grenzt unmittelbar an das Elbufer. Dort beginnt auch der Stecknitzkanal, der hier von der Elbe abzweigt und der erste Wasserscheidekanal Europas war. Er wurde bereits in den 1390er-Jahren errichtet und führt von Lauenburg nach Lübeck. Außerdem befindet sich am Kanal in Lauenburg die Palmschleuse, die älteste erhaltene Kesselschleuse (auch Kammerschleuse genannt) Deutschlands. Technikbegeisterte kommen nur ein Stückchen weiter am Elbschifffahrtsmuseum noch mehr auf ihre Kosten. Hier ankert die »Kaiser Wilhelm«: Der 1899 in Dresden gebaute Raddampfer ist der letzte kohlebefeuerte in Deutschland und kann ausgiebig besichtigt werden. Wenn man Glück hat, ist an diesem Tag ja eine Ausfahrt mit dem dampfenden Urgestein auf der Elbe geplant! Wenn nicht, so kann man sich nur einige Meter weiter in der Gaststätte »Zum Anker« ein Gläschen gönnen. Hier hat sich das typische Hafenambiente der 1960er-Jahre erhalten, wie man es selbst in Hamburg nicht mehr finden wird. Die Wände zieren nostalgische Bilder und die Möblierung ist im Original erhalten.

Aufgrund des Streckenprofils entlang des Elbradwegs ist auch der Rückweg mit dem Rad zum Stellplatz problemlos zu schaffen.

Nicht nur wegen der leckeren, selbst gebackenen Kuchen und Torten von Meike Land, die mit ihrem Mann Christian das Camping Land an der Elbe führt, würden wir jederzeit gerne an in diesen Ort zurückkehren!

INFOS

CAMPING LAND AN DER ELBE
Stover Strand 7, 21423 Drage, Tel. 04176/327, www.camping-land-online.de

GPS: 53.428289, 10.300922

KOSTEN PRO ÜBERNACHTUNG: ca. 80 Stellplätze für 11 €, Erwachsene 9 €, Kinder (4–12 Jahre) 5 €

GEÖFFNET: April–Oktober, keine Saisonpreise

SONSTIGES: Strom: 1,80 €/3 kWh, Duschen: 1 €/5 Min., Waschmaschine/Trockner: 3 €

TIERE: Hunde erlaubt, 4 €/Nacht

TOURIST-INFO: Tourist-Information Lauenburg, Elbstr. 59, 21481 Lauenburg, Tel. 04153/5909220, www.lauenburg-tourismus.de

KULINARISCHES: Brötchenservice, Kiosk, Restaurant Stover Strand, Stover Strand 10, 21423 Drage, Tel. 04177/7116888, www.restaurant-stover-strand.de, große Terrasse, schönes Ambiente, sehr gutes Preis-Leistungs-Verhältnis

SEHENSWERT: Hamburg, Lauenburg

38 CAMPINGPLATZ MÖLTENORT

An der Kieler Förde

Am östlichen Ufer der Kieler Förde liegt dieser Platz unmittelbar am Wasser. In drei bis vier Reihen steht man entweder ganz am Ufer oder man sucht sich am Waldrand ein schattigeres Plätzchen. Für alle, die sich nicht festlegen möchten, bietet diese Region unbegrenzte Möglichkeiten: Städtebummel und Kultur-Highlights, Naturerlebnisse zwischen Ostsee, Strand und Wäldern, Sport zu Land wie auch zu Wasser.

Der Campingplatz Möltenort, zwischen Wald und Ostsee, zwischen Großstadt und offenem Meer, ist die perfekte Mischung. Er hat eine gute Anbindung an die Umgebung mit der öffentlichen Buslinie und ganz besonders auch per Schiff mit der Fördefährlinie. Von den 120 Stellplätzen liegen mehr als 40 direkt am Deich mit ungetrübtem Blick auf die Kieler Förde!

Davon abgesehen findet Familie Rohde auf ihrem Anwesen immer ein schönes Plätzchen für alle Gäste. Die Preise ab 26 € für Platz, zwei Personen und Strom sind allemal gerechtfertigt. Der hintere Teil des Campingplatzes hat eine sehr schöne Bewaldung und viel Platz für Kinder. Der Uferweg geht direkt vom Platz weiter und bietet Gelegenheit zum Spazierengehen sowie Radfahren. Bis zum Marine-Ehrenmal und zum U-Boot Museum U-995, beide im Norden des Ortes Laboe, sind es beispielsweise knapp vier Kilometer, die man wunderschön am Wasser und an Stränden entlanggehen kann. Wenn man am Ehrenmal ankommt, hat man bereits den gesamten Ort durchwandert und einen tollen Ausblick aufs offene Meer. Mit der Fördefährlinie, die gleich am südlichen Ende des Strandes ablegt, kann man wieder zurück nach Möltenort – oder gleich weiter bis nach Kiel fahren.

MARITIME LEBENSART PUR

Für alle ist und bleibt das größte Ereignis der Region aber die Kieler Woche. Die jährlich stattfindende Segelregatta wird seit dem

Als Alternative bietet sich Camping Möltenort an.

Ende des 19. Jahrhunderts in Kiel ausgetragen und gilt als die größte Segelsportveranstaltung der Welt. Auch für Wohnmobiltouristen ist diese Zeit eine große Herausforderung. Wer nicht schon mindestens ein Jahr zuvor auf einem der umliegenden Campingplätze gebucht hat, wird wohl sprichwörtlich in die »Röhre« schauen. Die Stadt bemüht sich, in dieser Zeit Zusatzparkplätze für Wohnmobile bereitzustellen. Besonders zu erwähnen ist hier die Stellfläche am Ende der Kieler Promenade am Westufer. Hier gilt: Wer zuerst kommt, hat einen Platz, allerdings ohne jegliche Versorgung. Entsorgung und Wasser gibt es am Clubhaus des Rudervereins. An der Promenade entlang sind es dann ca. 1,5 Kilometer zur Vergnügungsmeile und einem Teil der Anleger der historischen Windjammer.

Außer den rund 5000 Seglern aus mehr als 50 Nationen, die mit etwa 2000 Booten die Wettbewerbe bestreiten, kommen jedes Jahr über drei Millionen Besucher zur Kieler Woche in die Stadt. Dann hat man die tolle Gelegenheit, auf einem großen Windjammer mit zu segeln oder wenigstens ausgiebig zu besichtigen. Vor allem zur Deckung ihrer Kosten bieten die großen Segelschiffe mehrstündige Ausfahrten oder Regattabegleittouren an. Außerdem funktionieren sie einen Teil ihrer Messen (das sind die Speisesäle) zu Cafés um. Der Kieler Hafen mit seiner Anbindung an die Innenstadt ist natürlich das typische Ziel schlechthin und lohnt einen Besuch zu jeder Jahreszeit.

Die Gorch Fock im Hafen von Kiel

Gastronomisch ist das Angebot – typisch Großstadt – sehr vielfältig. Besonders zur Mittagszeit empfehlen wir die günstigen Mittagskarten sowohl im »Wirtshaus« als auch in der Kieler Brauerei. Beide Lokalitäten bieten durchgehend warme Küche, ein rustikales, zur Stadt passendes Ambiente und bestechen durch guten Service sowie ein gutes Preis-Leistungs-Verhältnis. Den besten Fisch gibt es oberhalb der City in der »Fischbar« an der Förde.

Windjammer zum »Anfassen«

INFOS

CAMPINGPLATZ MÖLTENORT

Uferweg 24, 24226 Heikendorf, Tel. 0431/2394529, www.campingplatz-möltenort.de

GPS: 54.384192, 10.205011

KOSTEN PRO ÜBERNACHTUNG: 120 Stellplätze ab ca. 26 € inkl. 2 Erwachsene und Strom, Kinder von 3–13 Jahren: 2,75 €, Müll: 0,50 €

GEÖFFNET: 01. April- 31. Oktober

SONSTIGES: Einkaufsmöglichkeiten, Waschmaschinen und Trockner vorhanden, Kurtaxe variiert zwischen Hauptsaison (2,50 €) und Nebensaison (1,20 €)

TIERE: Hunde nicht erlaubt

TOURIST-INFO: Tourist-Information Kiel, Andreas-Gayk-Straße 31, 24103 Kiel, Tel. 0431/679100, www.kiel-sailing-city.de

KULINARISCHES: Imbiss am Platz, Das Wirtshaus, Holstenstraße 88, 24103 Kiel, Tel. 0431/2400004, www.wirtshaus-kiel.de Fischbar, Düsternbroker Weg 52, 24105 Kiel, www.myfischbar.de

SEHENSWERT: Kieler Woche, www.kieler-woche.de

39 SCHLESWIG MAL OHNE HOLSTEIN!

Stadtnaher Platz mit Wasserblick

Nimmt man Schleswig-Holstein ohne Holstein, bleibt die Stadt Schleswig am Ende des „Ostseefjordes Schlei“ übrig. Genau das ist auch unsere Anfahrt, wir beginnen in Kappeln an der Schlei und folgen dem Ufer bis in die Stadt der Wikinger. Hier gründeten sie im 8. Jahrhundert, nur unweit der heutigen Lage, die berühmte Siedlung Haitabu.

Bei der Einfahrt in die Stadt folgen wir den Schildern mit dem Wohnmobilsymbol und enden im Stadthafen. Hier befindet sich der Wohnmobilstellplatz der Stadtwerke, der dem Yachthafen angegliedert ist. Er ist völlig neu entstanden und mir mit Verlaub ein wenig steril geworden, was nichts über seine bauliche Qualität aussagen will. Die 45 Stellplätze haben mit € 20,- auch ihren Preis.

Auf der gegenüberliegenden Uferseite findet man den Stellplatz am Yachthafen Wiking. Der große Sportboothafen mit seinen 350 Liegeplätzen bietet den Wohnmobilen Unterkunft für eine ruhige Nacht. Schloss Gottorf und die Stadt lassen sich am Wasser entlang zu Fuß oder mit dem Fahrrad erreichen. Allein auf der Schlossinsel mit dem Landesmuseum Schleswig-Holstein kann man ohne Mühe eine hlaben Tag verbringen. Neben der Altstadt und dem mediterranen Flair der Uferpromenaden sollte man auf keinen den schönsten Stadtteil Holm verpassen.

Das Viertel entstand um das Jahr 1000, als sich die Siedlung noch auf einer Insel in der Schlei befand. Der Name der Siedlung beruht auf dem norddeutschen bzw. dänischen Wort Holm. Es bedeutet kleine Insel. Damals führte die Siedlung ein Eigenleben, hatte Privilegien und Sonderrechte. Denn seit 1480 war es ausschließlich Fischern vom Holm gestattet, auf der Schlei zwischen Arnis und Schleswig zu fischen. Dies wurde im Schleibrief vom Dänenkönig und Herzog

Der Jachthafen von Schleswig

von Holstein, König Christian I., bekräftigt. Zentraler Teil des Viertels ist ein kleiner Friedhof mit eigener Kapelle, um den sich die einzelnen Fischerhäuschen gruppieren.

Mindestens so interessant wie sich die Geschichte liest, so schön ist auch der Rundgang durch das wunderbare Viertel. Es lohnt sich immer ein zweiter Blick, denn um jede Ecke gibt es was zu entdecken. Kleine Cafés und Geschäfte laden zum verweilen und bummeln ein. Dieses besondere Flair

INFOS

STELLPLATZ AM YACHTHAFEN WIKING
Auf der Freiheit, 24837 Schleswig

GPS: 54.506944, 9.547770

KOSTEN PRO ÜBERNACHTUNG: Stellplatz für 10 Wohnmobile aller Größen 12 € incl. Ver- und Entsorgung. Dusche 2€, Strom 0,40 €/kWh.

Es gibt sie noch – Stellplatzparadiese.

SCHLESWIG MAL OHNE HOLSTEIN!

Zeit für eine Pause in einem der schönen Cafés.

wirkt ganz besonders im Licht des späten Nachmittags und der untergehenden Sonne. Dann verschwinden auch die Touristen, die von den Bussen „abgeladen" wurden und es kehrt mehr die dazu passende Ruhe ein. Wer sein Fahrrad auch mal einen Tag stehen lassen möchte, sollte sich mit einer Schifffahrt auf der Schlei verwöhnen. Der große Ostseefjord, wie es ihn nur einmal in Deutschland gibt, ist ein wirkliches Naturerlebnis. Das Schiff läuft verschiede Orte an, man kann aussteigen und auf dem Rückweg wieder zusteigen. Während der Tour sollten Sie ihre Blicke vor allen Dingen an den Uferrändern und angrenzenden Wiesen verweilen lassen. Viele Wasservögel leben hier und mit etwas Glück sehen Sie den König der Lüfte, den Seeadler!

INFOS

WOHNMOBILSTELLPLATZ SCHLESWIG
Am Hafen 5, 24837 Schleswig, Tel. 04621/801450, www.womostellplatz-schleswig.de

GPS: 54.511736, 9.568283

KOSTEN PRO ÜBERNACHTUNG: 45 Stellplätze 20 € inkl. Strom, Ver- und Entsorgung, Sanitärnutzung. Dezember bis Februar 14 € ohne alles.

TOURIST-INFO: Plessenstraße 7, 24837 Schleswig, Tel. 04621/850056, www.schleswig.de

SEHENSWERT: Schleischifffahrt Bischoff, Gottorfer Damm 1, 24837 Schleswig, www.schleischifffahrt.de
Abfahrten ab Schleswig bis Kappeln ab 12 € und Familienkarten mit bis zu 3 Kindern ab 35 €

Rechte Seite: Gasse im alten Fischerortsteil »Holm«

40 ERLEBNIS ECKERNFÖRDER BUCHT

Mediterranes Flair am Stadtstrand

»Mehr Ostsee geht nicht!«, heißt es auf der Internetseite der Eckernförder Bucht. Davon wollen wir uns selbst überzeugen. Ein ganz neuer Wohnmobilstellplatz, vier Kilometer feinster Sandstrand am blaugrünen Ostseewasser, fangfrischer Fisch direkt vom Kutter, Innenstadthafen und Jachthafen gepaart mit einer wunderschönen Promenade bis in die City. Das klingt schon ganz gut!

Wir möchten den neuen Stellplatz am Noor, der sehr citynah von den Stadtwerken für 50 Wohnmobile angelegt wurde, unter die Lupe nehmen. Die Einfahrt erfolgt nach Einbuchung im vollautomatischen Kassensystem. Bei 20 € Gebühr pro Wohnmobil muss man erst einmal schlucken. Das weicht dann jedoch, bei genauerem Betrachten, einem breiten Grinsen. Die Gebühr ist nämlich inkl. WLAN, Nutzung der Sanitäranlage, Nutzung des Servicebereiches mit Küche, Hundedusche (!) und Entsorgung. Die Stellplätze sind mit zehn mal fünf Metern so groß, dass man bequem Markise, Tisch und Stühle nutzen kann und darf. Der Platz ist ganzjährig nutzbar und dank des hervorragenden Untergrundes auch für schwere Wohnmobile bei jeder Witterung befahrbar. Im hinteren Teil ist auf einer kleinen Wiese für die Kinder selbst Fußballspielen möglich. Die Innenstadt von Eckernförde, Hafen und Promenade mit Stadtstrand erreicht man zu Fuß in nur zehn Minuten. Dieser Komfort und der ausgezeichnete Gesamteindruck werden sich noch bestätigen.

KUCHEN UND BONBONS

Heute hat Eckernförde knapp 22000 Einwohner und ist eine Stadt, die sich ihre norddeutsche Lebensart erhalten hat. Der Weg vom Stellplatz führt uns an die Promenade und den Strand im Osten der Stadt, am Ende der Eckernförder Bucht. Der Weg endet di-

Stellplatz mit allem Komfort in Eckernförde

rekt im Fischereihafen und am Zugang zur Fußgängerzone in die wunderschöne Altstadt. An den Wochenenden finden hier regelmäßig Flohmärkte statt, und an den Fischkuttern kann man zu günstigen Preisen den frischen Fang des Tages erwerben, beispielsweise kleine Schollen für 1,50 € pro Stück. Selbst wenn das Wetter einmal nicht so mitspielt, lädt im alten Rathaus, dessen Kernbau bereits 1420 errichtet wurde, das Museum für Fischerei und Stadtgeschichte ein. Ob gutes oder schlechtes Wetter, das Kaffeehaus & Konditorei Heldt sollte man auf keinen Fall verpassen. Das älteste Café Schleswig-Holsteins bietet eine Auswahl aus 120 Sorten Gebäck, Kuchen, Torten und Marzipanspezialitäten! Absolut sehenswert und interessant – bestimmt nicht für Kinder – ist die Bonbonkocherei Hermann Hinrichs. Der Name ist Programm: Hier erlebt man hautnah die Entstehung der köstlichsten Naschereien. Der Zucker wird auf offenem Feuer in einem Kupferkessel gekocht und erhält so einen ganz besonderen Geschmack. Natürliche Aromen und weitere Zutaten werden dem heißen Bonbonteig je nach Sorte auf dem großen Eisenkühltisch zugegeben.

Ebenso schön ist es, Eckernförde vom Wasser aus zu erleben und sich dabei frischen Wind um die Nase wehen zu lassen. Kürzere Rundfahrten in der Eckernförder Bucht, auch zum Sonnenuntergang, Tagestörns, Fischereifahrten mit dem Kutter oder Segelreisen – hier ist sicherlich für jeden Geschmack etwas dabei!

Der alte Fischereihafen

Da am Stellplatz auch gegrillt werden darf bzw. in der tollen Küche Fischgerichte zubereitet werden können, empfehlen wir einen Fischeinkauf am Hafen. Das ist wirklich ein großer Genuss für alle, und frischer geht es ja nun wirklich nicht. Wer sich aber von Anfang bis Ende verwöhnen möchte, kommt an der »Fischdeel« nicht vorbei. In diesem Restaurant in der Stadt gibt es beste Fisch- und Fleischgerichte nach norddeutschen Originalrezepten!

INFOS

WOHNMOBILSTELLPLATZ AM NOOR

Kakabellenweg, 24340 Eckernförde, Tel. 04351/9050, www.stadtwerke-eckernförde.de

GPS: 54.464239, 9.834432

KOSTEN PRO ÜBERNACHTUNG: 50 Stellplätze ab 20 € inkl. WLAN, Nutzung der Sanitäranlage und Entsorgung, Strom: 0,50 €/kWh.

GEÖFFNET: ganzjährig

SONSTIGES: Wasser: 1 €/100 l, Kurabgabe variiert (Mai–September: 2,50 €/Person, Oktober–April: 1,50 €/Person), Waschmaschine/Trockner: 2 €, Küchenherdnutzung: 0,50 €/30 Minuten, keine Barzahlung möglich, Kurtaxe: 2,50 €.

TIERE: Hunde erlaubt

TOURIST-INFO: Tourist-Information Eckernförde, Am Exer 1, 24340 Eckernförde, Tel. 04351/717928, www.ostseebad-eckernfoerde.de

KULINARISCHES: Grillen und Küchennutzung am Stellplatz möglich, Fischdeel Land & Meer, Kattsund 22, 24340 Eckernförde, Tel. 04351/5661, www.fischdeel.de, Jever-Stübchen, Ottestraße 13, 24340 Eckernförde, Tel. 04351/2071, www.jever-stuebchen.de.

SEHENSWERT: Stadt Eckernförde

41 CAMPINGPLATZ WALKYRIEN IN SCHASDORF

Darf es ein wenig Luxus an der Ostsee sein?

Die Walküren waren in der nordischen Mythologie die weiblichen Geisterwesen aus dem Gefolge des Göttervaters Odin. Da darf man gespannt sein, ob dies der passende, außergewöhnliche Name für einen ebensolchen Ort zur Freizeitgestaltung und zum Urlaubmachen ist. Grund genug, dem Stellplatz an der Steilküste der Ostsee einen Besuch abzustatten.

Wir sind an der Steilküste vor Neustadt in Holstein und steuern heute mal richtigen Luxus an: den Wohnmobilpark »Ostseeblick« im Fünf-Sterne-Camping&Ostseeferienpark »Walkyrien« der Familie Gosch. Vergessen Sie enge, asphaltierte Parkplätze oder Abstellflächen vor Campingplätzen, die sich dann als »schönes Angebot« für Wohnmobilfahrer bezeichnen. Hier kann man vom separaten Wohnmobilpark aus hervorragend den herrlichen Panoramablick auf die Ostsee und den Wald genießen. In bester Lage ist hier also ein mustergültiger Platz entstanden, auf einer getrennt angelegten Fläche vor der Schranke. Die 40 Stellplätze verfügen über Stromanschluss, sind mit Rasengittersteinen befestigt und bieten genügend Rasenfläche zum Sitzen oder auch Grillen. Wie selbstverständlich stehen den Wohnmobilisten alle Einrichtungen des komfortabel ausgestatteten Campingplatzes zur Verfügung, darunter Kinder- und Familienbäder oder auch der Sauna- und Wellnessbereich (gegen Gebühr) mit erhöhtem Ausblick auf das Meer! Die Qualität der Sanitäranlagen ist erstklassig und das Wort »Duschmünze« ist hier ein Fremdwort. Die Fußbodenheizung verleiht dem Sanitärgebäude selbst bei kalter Witterung eine angenehme Wärme und lädt bei sanfter Musikbegleitung schon fast zum Verweilen ein.

AGILITY-PARCOURS FÜR HUNDE

Ein riesiger Kinderspielbereich auf einer großen Wiese mit Indoorbereich für Regentage hält die kleinen Gäste bei Laune. Besonders zu erwähnen ist außerdem, dass zu den Fe-

Blick auf den Stellplatz mit Streichelzoo

rienzeiten immer eine Kinderbetreuung vor Ort ist, währenddessen sich die Eltern eine kurze Auszeit gönnen können. Ein Streichelzoo mit Ziegen und Eseln, ein Beachvolleyballfeld, ein Bolzplatz sowie ein umzäunter Auslaufbereich für Hunde mit Agility-Geräten komplettieren das großzügige Angebot. An alle Besucher wurde gedacht! Ein Rundwanderweg führt am Freizeitgelände vorbei durch den Wald bis nach Schashagen und über den Strand zurück. Eine extra für den Campingplatz angelegte Treppenanlage führt bequem an den Strand vor der Steilküste.

Alternativ zum ausgewiesenen Wohnmobilstellplatz kann man natürlich auch einen Stellplatz im Campingbereich wählen. Auch hier gilt: Man zahlt, was man nutzt. Wenn die Kinder die ganze Programmvielfalt noch nicht missen wollen und deshalb noch nicht zu einer Weiterfahrt bewegt werden können oder man selbst vielleicht sogar noch ganz gerne einige Tage hier verbringen möchte, lohnt sich zur weiteren Freizeitgestaltung ein Busausflug. Direkt am Eingang des Platzes fahren die Busse nach Lübeck oder Travemünde ab. Die liebliche, alte und kompakte Hafenstadt Travemünde lässt sich sehr schön zu Fuß erobern und bietet viel Abwechslung für alle Altersklassen. Am Priwall mit seinen Hunderten von Segeljachten (nur während der Segelsaison) liegt die Viermastbark Passat, heute Museumsschiff und Wahrzeichen der Stadt. Die Passat wurde 1911 als Getreide- und Salpeter-Transporter erbaut und 1959 von der Hansestadt Lübeck vor dem »abwracken« gerettet. 1978 wurde sie unter Denkmalschutz gestellt. Sie umsegelte ganze 39-mal das Kap Hoorn, umrundete mehrfach die Welt und kann natürlich besichtigt werden.

Der Durchgang zum Badeplatz an der Ostsee

Sollte man nach der Rückkehr keine Lust haben, den Kochlöffel zu schwingen, kann man auch in das gute Restaurant am Campingplatz einkehren. Man ist perfekt auf seine Gäste eingerichtet. Die Auswahl an frisch zubereiteten Speisen wie Fisch, Schnitzelvariationen, Aufläufen, Salat und Pasta ist riesig, das Preis-Leistungs-Verhältnis sehr ausgewogen. Die mediterrane Terrasse mit Palmenbepflanzung lädt zum Verweilen und Genießen ein.

INFOS

CAMPINGPLATZ WALKYRIEN

Strandweg 99, 23730 Schashagen OT Bliesdorf-Strand, Tel. 04562/6787, www.camping-walkyrien.de

GPS: 54.119444, 10.920833

KOSTEN PRO ÜBERNACHTUNG: 40 Stellplätze ab 10 € für 2 Personen inkl. Entsorgung (Winterhalbjahr, alle Campingeinrichtungen eingeschlossen, Hauptsaison: 22 €)

GEÖFFNET: ganzjährig, Winter: alle Campingeinrichtungen geschlossen, keine Ver- und Entsorgung, WC und Dusche nutzbar, kein Winterdienst, Wohnmobilpark kann bei Schnee und Schneematsch kurzfristig geschlossen werden), keine Reservierungen

SONSTIGES: Strom: 0,50 €/kWh, Frischwasser: 1 €/80 l

TIERE: Hunde erlaubt, 2,50–3,50 €/Tag, im Winterhalbjahr gratis

TOURIST-INFO: Tourist-Information Travemünde, Strandbahnhof Bertlingstraße 21, 23570 Travemünde, Tel. 04511/8899700, www.travemuende-tourismus.de

KULINARISCHES: Brötchenservice, Selbstbedienungsladen und Restaurant am Platz

SEHENSWERT: Lübeck, Travemünde

42 ENTSPANNUNG IN DER MECKLENBURGISCHEN SCHWEIZ

Wir laden Sie ein an den Kummerower See

Am Nordrand der Mecklenburgischen Schweiz im Dreieck zwischen Malchin, Demmin und Dargun liegt der Kummerower See. Mit einer Fläche von 33 Quadratkilometern, einer Länge von elf Kilometern und einer Breite von drei Kilometern ist er der viertgrößte See in Mecklenburg-Vorpommern. Er selbst zählt sich gerne schon zur Müritzer Seenplatte, hat er aber gar nicht nötig!

Der Kummerower See mit Umgebung ist ein Naturparadies erster Klasse für alle, die mit ihrer Familie viel Zeit verbringen möchten, ohne dass in nächster Nähe ein Freizeitpark, Kino oder Shoppingcenter ablenken könnte. Dabei sind die Möglichkeiten vielfältiger, als man zunächst annimmt, und bei Nacht das einmalige Rauschen der Stille im Ohr zu haben, ist einfach einmalig. Wir steuern unser Ziel, den Camping- und Wohnmobilpark Sommersdorf, aus nördlicher Richtung über die B194 von Demmin kommend an. Ab Borrentin folgen wir einfach der Beschilderung und stehen wenige Minuten später bei herrlicher Sonne direkt am See. 28 Stellplätze eingebettet in Hecken und andere Bepflanzungen schaffen auf der befestigten Wiese eine sehr schöne Atmosphäre für jedes Wohnmobil. Kurz dahinter ist die Einfahrt zum Campingpark. Der Stellplatz lässt sich auf gut befestigten Spuren befahren. Ohne größeres Rangieren kann man in die Buchten einfahren. Die Stromanschlüsse sind immer für sechs Fahrzeuge zentral platziert. Die Preise liegen zwischen acht und dreizehn Euro pro Übernachtung für zwei Personen. Ein Wasseranschluss befindet sich in der Zufahrt. Strom und Sanitäranlagen werden nur berechnet, wenn man sie auch nutzt. Die einzelnen Plätze sind sehr großzügig, Markise und Campingausrüstung können gut zum Einsatz gebracht werden. Grillen ist auch mit

Großzügige Stellplätze im Grünen

Holzkohle erlaubt. Zur morgendlichen Erfrischungsrunde im See sind es gerade mal 50 Meter, und auch ein eigenes Boot hätte hier einen Anleger. Die große Liegewiese lädt zum »Chillen« ein – oder die Surfschule zum nächsten Kurs!

NATURPARK MECKLENBURGISCHE SCHWEIZ UND KUMMEROWER SEE

Der See ist ein beliebtes Wassersportrevier. Surfer und Segler finden durch die Wellen- und Windverhältnisse ideale Bedingungen für ihren Sport. Das Gewässer ist außerdem auch für das Befahren mit Motorbooten zugelassen. Kanuten und Paddler gelangen von hier in die Peene, den »Amazonas des Nordens«, und lassen sich von der Natur- und Tiervielfalt begeistern. Eine geführte Kanusafari kann man übrigens direkt am Platz buchen. Am Kummerower See gibt es darüber hinaus natürlich viele Badestellen, gut ausgestattete Wasserwanderrastplätze und Campingmöglichkeiten. Dem Stillgewässer wird bei Untersuchungen in jedem Jahr wieder eine hervorragende Badewasserqualität bescheinigt. Wanderer und Radfahrer erreichen über das gut ausgeschilderte Wanderwegenetz des Naturparks »Mecklenburgische Schweiz und Kummerower See« zahlreiche Ausflugsziele. Von März bis Oktober finden zudem fachkundige Führungen statt. Durch den großen Fischreichtum gilt der See unter Anglern als Geheimtipp. Zander, Aal, Hecht und Barsch zählen zu den am häufigsten hier vertretenen Fischarten. Die 37 Meter hohe Steilküste an der Ostseite des Kummerower Sees bildet außerdem noch einen überraschenden und äußerst reizvollen An- und Ausblick.

Der einladende Badeplatz ist nur 50 Meter entfernt.

Auf einer Fahrradtour um den See bemerkt man bei der Fahrt durch die kleinen Ortschaften am Wegesrand eine gewisse Landflucht. Dennoch ist man überall sehr bemüht um die Gäste und versucht, immer neue Angebote jeglicher Art zu schaffen. Zahlreiche nette Gaststätten, zum Teil mit Biergärten, laden zum Verweilen ein und am Campingplatz gibt es einen Selbstbedienungsshop, frische Brötchen sowie ein Bistro. Hunde sind überall willkommen und dürfen auch im See baden.

INFOS

CAMPING- UND WOHNMOBILPARK SOMMERSDORF
Am Kummerower See, Am Hafen 2, 17111 Sommersdorf, Tel. 039952/2973, www.camping-sommersdorf.de

GPS: 53.798181, 12.876142

KOSTEN PRO ÜBERNACHTUNG: 28 Stellplätze ab 8 € inkl. 2 Personen (Sparsaison)

GEÖFFNET: ganzjährig

SONSTIGES: Preise variieren je nach Saison, Sanitärnutzung: 2 €, Strom: pauschal 3 €, Entsorgung: 1 €, Touristen-Angelscheine erhältlich

TIERE: Hunde erlaubt, in den Sparsaisons gratis

TOURIST-INFO: Tourismusverband Mecklenburgische Schweiz, Bahnhof 4, Malchin, Tel. 03994/299780, www.mecklenburgische-schweiz.com

KULINARISCHES: Brötchenservice und Selbst-bedienungsladen am Platz

SEHENSWERT: Surfschule und Kanuverleih Sommersdorf, Am Holzboothafen, 17111 Sommersdorf, Tel. 0171/9550797

43 IM JACHTHAFEN RÖBEL VOR ANKER GEHEN

Traumziel Mecklenburgische Seenplatte

Wenn man in gemütlicher Runde mit anderen Wohnmobilisten zusammensitzt, fällt seit einigen Jahren immer wieder das Reiseziel »Mecklenburgische Seenplatte« – wobei das für viele gleichbedeutend mit der Müritz ist. Da unser letzter Besuch bereits einige Jahre zurücklag, machten wir uns auf, um den schönsten Stellplatz an der Müritz zu finden. Und wir meinen: Wir haben ihn gefunden!

In Waren (Müritz) gibt es nach wie vor den von Straßen eingekesselten Stellplatz am Blumenhaus und einige abgeteilte Parkbuchten am Innenstadtparkplatz, die wenig einladend wirken und nicht wirklich das Gefühl von Mecklenburgischer Seenplatte vermitteln. Am Nordende des Binnensees bei Röbel/Müritz im Südwesten der Müritz werden wir schließlich fündig und sind am Wohnmobilstellplatz der Marina Röbel angekommen. 30 Wohnmobile verteilen sich locker auf das Areal um das Gebäude des Hafenmeisters. Es ist ein ruhiger, gepflegter Platz mit bester Sicht zum See. Natürlich gibt es hier keine festgelegten Parzellen, sondern man passt sich den Gegebenheiten der momentanen Auslastung an. Genauso geht das dann mit der Nutzung der Campingausrüstung, die zur Not auch mal hinter dem Wohnmobil platziert wird. Die Stellplätze an der Waldseite sind etwas kürzer und leicht schräg, sodass sich die »Dickschiffe« besser im vorderen Teil der kleinen Zeltwiese – auch die gibt es, z.B. für durchreisende Kanufahrer – einrichten. Das Personal ist sehr freundlich und man darf seinen Platz selbst aussuchen. Trotz Vorsaison war bei uns einiges los.

Hier geht man gern vor Anker, Wohnmobilstellplatz im Hafen.

MIT DEM FAHRRAD ZUM GOLF

Die Ortsmitte von Röbel kann man entlang der Müritzpromenade innerhalb von gut 20 Minuten zu Fuß erreichen. Gastronomie, Einkaufsmöglichkeiten oder Apotheke – alles ist vorhanden. Im älteren Teil des Ortes gibt es schöne kleine Gassen, die darauf warten, erkundet zu werden. Im Norden glänzen die Müritzterrassen mit Schiffsanleger, weiter nach Süden der Ziegenmarkt und der Pferdemarkt. Auch mit dem Fahrrad ist es eine sehr schöne Strecke und geht natürlich entsprechend schneller. Zurück am Stellplatz

machen wir es uns auf der Terrasse der Gaststätte Regattahaus direkt an der Marina gemütlich. Auf die Frage, wo man besonders lecker essen könne, zeigte die Hafenmeisterin aus dem Büro gegenüber einfach nur aus dem Fenster – auf das Regattahaus. Dazu eine Kritik aus dem Internet: »Gutes Essen zu guten Preisen, lecker Fisch und volle Teller.« Dem können wir uns nur anschließen!

An der Wasserfront des Hafens stehen gemütliche Bänke und Tische an denen man sehr gut den »Sundowner« genießen kann. An den Booten herrscht ein buntes Treiben, und schnell kommt man mit den Kapitänen ins Gespräch. Auch diese loben die Ausstattung, Pflege und Sauberkeit der gesamten Stellplatzanlage. Überhaupt hat sich in den letzten Jahren die Anzahl von Stellplätzen in Häfen und Marinas ständig weiterentwickelt. Da sie über alle Einrichtungen verfügen, bietet sich das auch an. Hier ist außerdem auch noch eine Wiese vorhanden, die z. B. von Kindern und Jugendlichen als Spielfläche genutzt wird. Nach Aussage des Hafenmeisters kann die Wiese leider nicht zum Ausbau des Wohnmobilstellplatzes genutzt werden.

Haben Sie mal Lust, einen Golfschläger zu schwingen? Dann nur zu: Mit dem Fahrrad schafft man die 13 Kilometer in nordwestlicher Richtung zum Golfclub Fleesensee in Göhren-Lebbin leicht. Auf wenig befahrenen Straßen, Feld- und Waldwegen kann so eine schöne Entdeckungsreise durch die eiszeitlich geprägte Landschaft unternommen werden.

Blick vom Promenadenweg auf den Ortskern

Diese Tour führt auf ebener Strecke vorbei an Feldern und durch schöne Waldstücke. Die gesamte Strecke ist in Röbel ab der Kreuzung Marienfelder Weg/Seebadstraße ausgeschildert. Die Seebadstraße verläuft direkt hinter der Marina Röbel. Der Golfclub Fleesensee bietet ganzjährig jeden Samstag ab zwölf Uhr kostenlose Golf Schnupperkurse an.

Für alle, die ebenfalls gerne radeln, aber nicht golfen möchten, bietet sich das sehr gut ausgebaute und beschilderte Radwegnetz um die Müritz an. Die Tourist-Information in Röbel hält hierzu eine sehr schöne Broschüre bereit. Die Müritz-Fahrgastschifffahrt bietet auch eine Mitnahme von Fahrrädern an, sodass man auch hier die Möglichkeit hat, wunderbare One-Way-Strecken zu planen.

Übrigens: Auch wenn es noch so voll ist, lässt man hier seine mobilen Gäste nicht im Stich. Wer abends anreist, kann vor der Einfahrt nächtigen.

INFOS

WOHNMOBILSTELLPLATZ MARINA RÖBEL

Müritzpromenade 20, 17207 Röbel/Müritz, Tel. 039931/839900, www.marina-roebel-mueritz.de

GPS: 53.387444, 12.617828

KOSTEN PRO ÜBERNACHTUNG: 30 Stellplätze ab 15 € inkl. WLAN und Nutzung der Sanitäranlagen, Kurtaxe: 1,50 €/Person, Entsorgung: 5 €/100 l

GEÖFFNET: April–Oktober

SONSTIGES: Duschen: 1 €, Strom: 2 €, Wasser: 1 €/100 l, Entsorgung: 5 €/100 l

TIERE: Hunde erlaubt, 0,50 €/Nacht

TOURIST-INFO: Tourist-Information Röbel/Müritz, Im Haus des Gastes, Straße der Deutschen Einheit 7, 17207 Röbel/Müritz, Tel. 039931/80113, www.stadt-roebel.de

KULINARISCHES: Gaststätte Regattahaus, Müritzpromenade 20, 17207 Röbel/Müritz, Tel. 039931/53536, www.raeucherkahn.de

SEHENSWERT: Golfclub Fleesensee, Tannenweg 1, 17213 Göhren-Lebbin, Tel. 039932/80400, www.golfschule.heuler.de, ganzjährig jeden Samstag ab 12 Uhr kostenloser Golf-Schnupperkurs

44 PRIVATER STELLPLATZ BEI FAMILIE DAMMER

Unterwegs an der Ostsee

Von der Insel Fehmarn kommend, folgen wir der B501 in südlicher Richtung nach Cismar. Das Kloster Cismar, eine ehemalige Benediktinerabtei, bietet in unmittelbarer Nähe zur Bundesstraße einen willkommenen Stopp. Die Anlage, die seit 1999 zur Stiftung Schleswig-Holsteinische Landesmuseen Schloss Gottorf gehört, ist sehr reizvoll gelegen und besitzt einen schönen Rundweg. Nicht weit weg wird unser unvermuteter Platz für die Nacht sein.

Denn unser eigentliches Ziel – das wissen wir zu diesem Zeitpunkt aber noch nicht – erreichen wir heute nicht mehr. Wir verlassen den Parkplatz am Kloster in Cismar und sehen 1,5 Kilometer weiter auf der rechten Seite das altbekannte Schild eines Wohnmobils mit Pfeil nach rechts. Dem können wir nicht widerstehen und sind drei Kilometer später an der Kreativ-Werkstatt der Familie Dammer. In viel Kleinarbeit entstand in den letzten Jahren aus der alten Hofanlage ein harmonisches Gesamtbild von Gebäuden und Bepflanzung. Mitten in der Natur, abseits jeglicher Durchgangsstraßen, wurden auf einer Wiese neben dem ehemaligen Kuhstall fünf Stellplätze für Wohnmobile jeder Größe eingerichtet. Man steht in einer Reihe umrahmt von grünen Hecken, eine zentrale Stromversorgung ist vorhanden. Alles ist sehr großzügig bemessen. Es macht sich tatsächlich das Gefühl breit, als wäre man bei Freunden zu Gast. Man fühlt sich willkommen und wohl. Unser direkter Nachbar ist eine kleine Herde Holsteiner Kühe, und in einiger Entfernung sehen wir Pferde grasen. Auch Kinderfreundlichkeit wird hier großgeschrieben. Hunde sind erlaubt. An der Seite des ehemaligen Stalls befinden sich die Wasserversorgung und sanitären Einrichtungen. Die gesamte Hofanlage lässt sich umrunden und bewundern. Am Abend stattet der Hausherr noch einen kurzen Besuch ab und erkundigt sich

Das kleine Paradies der Familie Dammer

nach dem Befinden seiner Übernachtungsgäste.

KREATIV SEIN AN DER OSTSEE

So spontan wir dem Hinweis zum Stellplatz bei Familie Dammer folgten, so spontan bleiben wir in dieser Idylle. Jetzt bietet sich eine gute Gelegenheit, eine wahrhaft künstlerische Pause einzulegen, indem man an einem kunsthandwerklichen Workshop teilnimmt und ein selbst gefertigtes Kunstobjekt als Erinnerung an einen schönen Aufenthalt mit nach Hause nehmen kann.

Aber der Ausgangspunkt »Hof Dammer« eignet sich natürlich auch für zahlreiche andere Unternehmungen: Zum Beispiel kann man von hier aus einen schönen Badeausflug mit dem Fahrrad an die Ostseestrände von Kellenhusen, Lenste und Grömitz unternehmen, die allesamt nur ca. fünf Kilometer entfernt liegen. Überhaupt ist Grömitz ein guter Ausgangspunkt, um auf dem Ostseeradwanderweg in Richtung Nord oder Süd eine ausgedehnte Tour zu unternehmen. Die Umgebung bietet Radfahrern einzigartige Erlebnisse. In der Tourist-Information in Grömitz an der Kurpromenade oder in der Außenstelle am Lensterstrand im Blankwasserweg erhält man für 3 € den kompletten Radwanderführer, der auf 300 Kilometern durch die malerische Region führt.

Für uns ist dieser außergewöhnlich schöne Platz der Familie Dammer in Kattenberg auf jeden Fall eine hervorragende Alternative zu den gut gefüllten Wohnmobilstellplätzen von Lensterstrand oder Grömitz. Für alle, die kühlschranktechnisch nicht so gut ausgestattet sind, gibt es das Klostercafé Cismar. Hier finden Sie hausgemachte Leckereien und regionale Speisen in netter Umgebung.

Da fühlt man sich willkommen.

Der Strand von Grömitz

INFOS

WOHNMOBILSTELLPLATZ AM HOF DAMMER
Kattenberg 8, 23743 Cismar, Tel. 04366/1241, www.cismar.de/kreativ/kattenberg.htm

GPS: 54.186111, 10.964722

KOSTEN PRO ÜBERNACHTUNG: 5 Stellplätze für 10 € inkl. WC, Ver- und Entsorgung, Strom: 2 €

GEÖFFNET: April–Oktober

SONSTIGES: Workshops in der Kreativ-Werkstatt am Hof

TIERE: Hunde erlaubt

TOURIST-INFO: Tourist Information Grömitz, Kurpromenade 56, 23743 Grömitz, Tel. 04562/2560, www.groemitz.de

KULINARISCHES: Klostercafe Cismar, Bäderstr. 42, 23743 Cismar, www.klostercafe-cismar.de, geöffnet von Ostern–Ende Oktober, hausgemachte Kuchen und Torten, wechselnde kleine Speisen in urigem Ambiente, regionale Speisen frisch zubereitet

SEHENSWERT: Kloster Cismar, www.kloster-cismar.de, Ostseestrände

45 WOHNMOBILPARK WESTHAFEN WISMAR

Die Perle der Hanse an der Ostsee

Für die Ankunft am Wohnmobilpark Westhafen in der Hansestadt Wismar, deren Altstadt zum UNESCO-Welterbe zählt, haben wir bewusst die frühe Mittagszeit gewählt. Dann sind die Weiterreisenden bereits fort und die Anreise der nächsten Gäste setzt häufig erst am Nachmittag ein. Diese Taktik geht auf und wir finden auf der gepflegten Anlage einen schönen Stellplatz.

Die Größe des Stellplatzes ist für seine innenstadtnahe Lage erstaunlich, Markise und Campingmöbel können problemlos zum Einsatz gebracht werden. Die 85 Stellplätze ordnen sich grob im Kreis (ein kleinerer innen, ein größerer drum herum) an einem asphaltierten Fahrweg an. Die recht locker verteilten Stellplätze vermitteln nicht den Eindruck einer so großen Anlage, auch zwischen den Fahrzeugen und Abschnitten des Platzes herrscht das Grün vor. Für schwere Fahrzeuge gibt es einige besonders befestigte Stellflächen. Neben der Ver- und Entsorgungsstation stehen gegen Gebühr auch Duschen zur Verfügung. Die Stromsäulen geben für 1 € acht Stunden Strom ab. Auf dem großen Wiesenrondell in der Platzmitte kann man es sich auf fest installierten, überdachten Tischen und Bänken gemütlich machen. Überhaupt bekommt man den Eindruck, dass die Betreiber überdurchschnittlichen Wert auf die Betreuung ihrer Gäste legen. An der Rezeption erhält man einen Stadtplan, kalte Getränke und sogar Thüringer Rostbratwürste – einfach perfekt!

Hier gibt es keine Vor- und Nachsaison, der Stellplatz ist immer gut besucht. Sollte am Abend wirklich einmal das »Besetzt«-Schild in der Einfahrt stehen, empfehlen wir die geduldete Ausweichfläche an der Kaimauer des gegenüberliegenden Hafenbeckens.

DIE NÖRDLICHSTE STADT ITALIENS?

Der Fußweg vom Stellplatz bis zum Beginn der Altstadt dauert keine zehn Minuten, und

Der schön angelegte Wohlfühlbereich

schon bei der Ankunft überkommt den Besucher das Gefühl, sich hier, hoch im Norden, dennoch in »mediterranem Flair« zu bewegen. Die Hansestadt Wismar ist seit Jahrhunderten mit dem Meer verbunden. Am Alten Hafen spürt man die unverwechselbare Atmosphäre von Seefahrt, Fischerei und Hanse: Früher, wenn die reich beladenen Koggen der Kaufleute anlegten, wurde im Hafen ausgiebig um die Ware gefeilscht, während die Fischer beste Preise für ihre frisch gefangenen Fische aushandelten. Nach getaner Arbeit wurden in den Kneipen derbe Seemannslieder gesungen und viel Seemannsgarn gesponnen. Heute beherrschen Kutter, Barkassen, Jachten und Passagierschiffe Wismars Alten Hafen. Fischer laden mit ihren Kuttern zur zünftigen Seefahrt oder zum Dorschangeln ein. Am Wochenende treffen sich viele Einheimische und Touristen auf dem Fischmarkt – natürlich, um frischen Fisch zu kaufen und das lebhafte Hafentreiben zu genießen.

Besonders reizvoll ist ein abendlicher Sommerrundgang durch die Altstadt, den man am späten Nachmittag beginnen sollte. Die Backsteine haben die Wärme des Tages bereits gut gespeichert und geben diese angenehm an die Umgebung ab. Ein bunter, fröhlicher Mix aus Menschen aller Generationen belebt dann die Stadt mit ihren urigen Kneipen und schönen Cafés. Durch die vielen Studenten ist Wismar erstaunlich jung und aufgeschlossen.

Der historische Markplatz in der Welterbe Stadt Wismar

Überall gibt es Dinge, die nur darauf warten, entdeckt zu werden: die Kneipe »Volkskammer« im DDR-Look oder der »Backfisch Maik« am Hafenbecken gegenüber dem alten Zollhaus zum Beispiel. Und man wundert sich nicht, wenn hier oder dort kleine oder größere Schiffsmodelle im Treppenhaus herumhängen. Das Preis-Leistungs-Verhältnis der gastronomischen Betriebe ist meistens sehr gut.

Ein kleiner Tipp: Von Herbst bis Frühjahr finden außerdem regelmäßig Führungen mit dem Nachtwächter statt, der die Besucher durch dunkle Gassen geleitet und dabei seine Geschichten zum Besten gibt.

INFOS

WOHNMOBILPARK WESTHAFEN WISMAR

Schiffbauerdamm 12, 23966 Wismar, Tel. 0172/3905368 (Platzwart) und 0172/3884003 (Büro), www.wohnmobilpark-wismar.de

GPS: 53.894167, 11.450278

KOSTEN PRO ÜBERNACHTUNG: 85 Stellplätze ab 12 € inkl. Entsorgung, Müll und WC oder für 9 €/12 Std. inkl. Entsorgung, Müll und WC

GEÖFFNET: ganzjährig, Reservierung möglich

SONSTIGES: Strom: 1 €/8 Std., Duschen: 1 € (Schlüsselkaution: 10 €), Wasser: 1 €/100 l, Entsorgung für Durchreisende: 3 €

TIERE: Hunde erlaubt

TOURIST-INFO: Tourist-Information Wismar, Lübsche Straße 23 a, 23966 Wismar, Tel. 03841/19433, www.wismar-tourist.de

KULINARISCHES: Brötchenservice, Kneipe am Platz, italienisches Restaurant »Il Casale«, Wasserstraße 1A, 23966 Wismar, Tel. 03841/227361, www.ilcasale.de, schöne Außenterrasse mit Blick auf Hafen und Stadttor, Gaststätte »Volkskammer«, Ziegenmarkt 1, 23966 Wismar, Tel. 03841/ 282006, www.volkskammer-wismar.de

SEHENSWERT: Stadtführungen können gebucht werden über die Tourist-Information.

46 WOHNMOBILSTELLPLATZ CRIVITZER SEE

Schwerin lädt zu einem Rundgang ein

Der Crivitzer See ist ein typisches Flachwasser mit einer maximalen Tiefe von nur 2,20 m, der mit einer Halbinsel bis in die kleine Landstadt Crivitz ragt. Direkt am Ufer heißt der Ort seine mobilen Gäste auf dem kleinen Wiesenplatz willkommen. Kinder und Hunde können hier ungestörte Freiheit genießen.

Der Crivitzer See ist zwar kein Badesee, jedoch ein Paradies für passionierte Angler. Umgeben von Wald und mit einem tollen Blick auf den See ist der Wohnmobilstellplatz der ideale Ort für Reisemobilisten, die Entspannung und Entschleunigung suchen.

Ein Spaziergang um den See ist ca. 4 km lang und dauert ca. 1,5 Stunden. Da der Weg recht eben und ohne besondere Schwierigkeiten verläuft, ist der Spaziergang für Jedermann geeignet. Auf der kleinen Wanderung um den See kommt man unweigerlich am Ort Crivitz vorbei, dessen Innenstadt zahlreiche Einkaufsmöglichkeiten bietet. Auch die Kirche, der Marktplatz und die kleine Halbinsel, die in den See hineinragt, wollen erkundet werden. Unbedingt probieren sollte man bei einer Tasse Kaffee die Kuchenspezialitäten in der Konditorei Butschat. Hier wird noch in alter Handwerkstradition alles selber hergestellt.

Nur 150 Meter vom Stellplatz entfernt befindet sich das Gasthaus Seeblick, das regionale Spezialitäten und deftige Hausmannskost zu moderaten Preisen anbietet. Für Fahrradfahrer gibt es empfehlenswerte Routen in den Gädebehner Forst, zum Warnowtal oder in das Europäische Vogelschutzgebiet Lewitz. Ausführliche Tipps mit Wegbeschreibungen und Karten zu Wander- und Fahrradtouren sowie Wasserwanderwegen finden Sie unter www.traumziel-mv.de.

AUSFLUG NACH SCHWERIN

Fußläufig zum Stellplatz – auf der anderen Seite des Sees – befindet sich der Bahnhof, der einen bequemen Ausflug nach Schwerin ermöglicht. Der Zug in die Landeshauptstadt Mecklenburg-Vorpommerns verkehrt stündlich und die Fahrzeit beträgt ohne Umstieg nur 32 Minuten. Die knapp 100.000 Einwohner zählende Stadt kann wunderbar an einem Tag erkundet werden.

Besichtigen Sie das berühmte Schweriner Schloss und schlendern Sie durch den herrlich angelegten Garten oder entdecken Sie die schöne Altstadt bei einem ausgiebigen Spaziergang.

INFOS

WOHNMOBILSTELLPLATZ CRIVITZER SEE
Weinbergstraße, 19089 Crivitz, www.amt-crivitz.de

GPS: 53.581667, 11.639167

KOSTEN PRO ÜBERNACHTUNG:
8 Stellplätze für 10 € inkl. Strom und Wasser

TOURIST-INFO: Touristen Information Schwerin, Am Markt 14, 19055 Schwerin, Tel. 0385/5925212, www.schwerin.de, ganzjährig geöffne

KULINARISCHES: Gasthaus Seeblick, Weinbergstr. 39, 19089 Crivitz, Tel. 03863/222375, www.gasthausseeblick.de, direkt an der Marina mit wunderschönem Blick auf das Hafenbecken und den See. Gutbürgerliche Küche zu guten Preisen.

Rechte Seite: Der Schweriner Dom in der Altstadt

RATSHERRN
LA BOUCHE
MAD CUT
Schmuck & Mode

47 ROMANTISCHER STELLPLATZ IM HAFEN VON GAGER

Hier ist die Insel Rügen zu Ende

Der alte Dampfzug »Rasender Roland« hat sich in Göhren ausgeschnauft. Dahinter geht noch eine einsame Straße weiter, der wir folgen. Eine letzte Abzweigung lässt uns rechts abbiegen, und wir landen in einer Sackgasse am Hafen von Gager. Wir waren bereits hier – und jetzt führen wir Sie ebenfalls hin!

Vor zehn Jahren nächtigten wir hier direkt an der Kaimauer stehend. Deutlich wird, dass auch an diesem Platz der Fortschritt nicht stehen geblieben ist, denn vieles erstrahlt in neuem Glanz: Die Steganlagen, es gibt neue Pflaster und Kaianlagen. Aber eines ist geblieben: Wir melden uns beim Hafenmeister an und dürfen bis zum darauffolgenden Nachmittag stehen bleiben. Dieses Glück teilt nur ein weiteres Wohnmobil mit uns. Wenn Sie also schon einmal davon geträumt haben, ganz ungestört einen romantischen Abend mit Sonnenuntergang am Hafen zu verbringen, dann sollten Sie es uns unbedingt gleichtun und uns an diesen Ort folgen. Am späten Nachmittag sind wir mit einigen Bootsführern quasi unter uns! Karl vom Fischimbiss Meeresblick – passender kann der Name nicht sein – verlängert spontan seine Öffnungszeit und verwöhnt uns mit frisch zubereiteten Matjesbrötchen, Backfisch und kaltem Bier! Im Gespräch bekommt man dann natürlich noch den ein oder anderen Gratis-Tipp dazu.

An der Hafenmole finden bequem zehn Wohnmobile jeder Gewichtsklasse einen Platz in der ersten Reihe. Die Toilettenentsorgung ist hier im Hafen ebenfalls möglich, da mittlerweile viele Boote und größere Schiffe über ein dem Wohnmobil ähnliches System verfügen. Die passende »Technik« ist also vor Ort vorhanden.

EIN PLATZ AN DER »OSTSEE-LAGUNE«

Die weitläufige Landschaft des Rügischen Boddens (Teil der Lagune Greifswalder Bodden), an dem sich das Örtchen Gager befindet, ist ein einzigartiges Naturerlebnis

Das könnte ihr Blick vom Stellplatz an der Kaimauer sein.

und die Möglichkeiten der Freizeitgestaltung sind erstaunlich vielfältig. Wir entscheiden uns zunächst für einen Rundgang bis an die kleine Steilküste, die ca. 1,5 Kilometer westlich von Gager liegt. Der Hund hat bei dem entspannenden Spaziergang durch Feld und Flur genauso viel Freude wie wir.

Für den nächsten Morgen sollten Sie die Fahrräder startklar machen. Wir haben uns Middelhagen als Tagesziel vorgenommen. Die Rundtour mit dem Fahrrad ist ungefähr 20 Kilometer lang. Auf diesem Weg (der Radweg verläuft ganz einfach parallel zur Straße) bestaunt man wiederum fast ehrfürchtig die natürliche Schönheit der Landschaft. In Middelhagen angekommen, beschleicht den Besucher das Gefühl: Hier passt einfach alles zusammen! Die alten Höfe und Häuser sind mit viel Liebe herausgeputzt und vermitteln ein überaus stimmiges Bild, das jeder Idealvorstellung entspricht. Glücklicherweise ist schon Mittagszeit, und das vielleicht älteste Gasthaus Rügens, das Hotel&Gasthof Zur Linde, öffnet gerade seine Pforten. Seine Geschichte begann als Dorfkrug bereits um das Jahr 1400. Damit ist der Gasthof so alt wie die Dorfkirche, und hat schon so manchen Sturm überstanden. Unverputzte Ziegelsteinmauern, rustikaler Holzfußboden sowie das passende Mobiliar sorgen für eine histori-sche Atmosphäre. Im Mittelalter, so behauptet der heutige Lindenwirt Steffen Leistert, hätten hier sogar Gerichtsverhandlungen stattgefunden. Die beiden Linden vor der Tür, die dem Biergartenbesucher angenehmen Schatten spenden, könnten wahrscheinlich trotz ihres hohen Alters längst nicht alle Geschichten erzählen, die sich hier zugetragen haben.

Der Name ist Programm.

Einmal in der Woche röstet der »Lindenwirt« frischen Kaffee. Der Zander auf Sauerkraut ist ebenfalls eine wahre Lobeshymne wert. Auch die Flundern auf heißen Stachelbeeren sind ein ganz besonderer Gaumenkick. So liebenswert Middelhagen auf uns wirkt, so herzlich sind auch die Menschen, die wir hier treffen, die gerne einen Plausch über den Gartenzaun führen und noch die ein oder andere Geschichte zu erzählen haben.

Schweren Herzens verlassen wir Middelhagen, unseren Platz im Hafen von Gager und die Halbinsel Mönchsgut. Diese Erinnerungen werden uns sicher eines Tages wieder an diese Orte zurückführen!

INFOS

STELLPLATZ AM HAFEN, GAGER

Zum Höft, Hafenmeister Thomas Schälke, 18586 Gager/Rügen, Tel. 0152/04102227

GPS. 54.311050, 13.681333

KOSTEN PRO ÜBERNACHTUNG: Hierbei handelt es sich nicht um einen offiziellen Wohnmobilstellplatz. Wenn man beim Hafenmeister anfragt, darf man für 15-20 € im Hafengelände über Nacht stehen bleiben und die Sanitäranlagen im Hafengebäude benutzen. Nachts absolut ruhig. Kapazität: ca. 10 Wohnmobile.

TIERE: Hunde erlaubt

TOURIST-INFO: Kurverwaltung Middelhagen, Dorfstraße 4, 18586 Middelhagen, Tel. 038308/2153, www.middelhagen.de

KULINARISCHES: Hotel und Gasthof Zur Linde, Dorfstr. 20, 18586 Middelhagen, Tel. 038308/5540, www.zur-linde-ruegen.de

SEHENSWERT: Rügischer Bodden

» MITTEL- UND OSTDEUTSCHLAND

48 DREI-FLÜSSE-STADT HANN. MÜNDEN

Wo Werra sich und Fulda küssen ...

Der heute offizielle, etwas sperrige Name »Hann. Münden« kommt von Hannoversch Münden, um eine Verwechslung mit Minden auszuschließen. Hier, direkt an der Grenze Niedersachsens zu Hessen, gibt es etwas ganz Besonderes: »Wo Werra sich und Fulda küssen, sie ihren Namen büßen müssen. Und hier entsteht durch diesen Kuss Deutsch bis zum Meer der Weserfluss.«

Hier liegt also der Ursprung der Weser. Aber damit ist bei Weitem noch nicht alles Erwähnenswerte über Hann. Münden erzählt. Denn die Stadt wird nicht umsonst als »Fachwerkjuwel« bezeichnet. Prachtvolle Bauten stehen hier in der schönen Altstadt dicht an dicht: stimmungsvolle Gassen mit imposanten Fachwerkgebäuden. Die Stadt wurde zwischen 1155 und 1183 gegründet. Durch das von Herzog Otto I. von Braunschweig 1247 verliehene »Stapelrecht« kam es zu großem wirtschaftlichem Aufschwung. Dadurch waren Reisende sowie fremde Kaufleute gezwungen, ihre Waren und Güter eine Zeit lang in der Stadt zum Verkauf anzubieten. Auf diese Weise kamen die Bürger der Stadt in den Genuss erheblicher Vorteile und schnell zu Wohlstand und Reichtum. Die besondere Vielfalt an Fachwerkformen und -stilen geht auf diese Zeit zurück. Dank intensiver Sanierungsbemühungen zählt Hann. Münden heute zu einer Fachwerkstadt von europäischem Rang. Zahlreiche Auszeichnungen, wie z.B. »Europa Nostra« oder die Goldmedaille im Bundeswettbewerb »Stadtgestalt und Denkmalschutz im Städtebau« untermauern dies.

VOM »UNTEREN TANZWERDER« INS MÄRCHENLAND

Der Wohnmobilstellplatz liegt wunderschön auf der Insel »Unteres Tanzwerder«, die sich noch in der Fulda befindet. An der Spitze

Der einfache Stellplatz punktet mit stadtnaher Lage.

der Insel laufen Fulda und Werra zur Weser zusammen. Daran erinnert der sogenannte Weserstein mit einer Plakette, auf der das berühmte Gedicht zu lesen ist. Vom Unteren Tanzwerder gelangt man einfach über die Mühlenbrücke, eine überdachte Fußgängerbrücke, zur Kernstadt – und die schöne Altstadt liegt einem zu Füßen.

Die 30 Stellplätze auf dem Unteren Tanzwerder sind markiert, im vorderen Bereich gibt es eine Toilettenanlage. Campingausrüstung und Markise können hier nicht genutzt werden. In der Saison von April bis Ende Oktober können alternativ die Wohnmobilstellplätze am Campingplatz auf dem südlichen Teil der Insel genutzt werden, der sich über eine kleine Brücke befahren lässt. Der Stellplatz kostet 13 €, für einen Camping-Stellplatz werden 17 € fällig. Beide Preise beinhalten noch keinen Strom, und auf dem Campingplatz kommen noch 3 € für den Hund dazu. Trotzdem sind beide Möglichkeiten gute Angebote und können vor allem durch ihre Nähe zur Altstadt punkten.

Treffpunkt für Verliebte

INFOS

STELLPLATZ TANZWERDER
Am Weserstein, 34346 Hann. Münden
Tel. 05541/75313,
www.busch-freizeit.de

GPS: 51.418611, 9.648333

KOSTEN PRO ÜBERNACHTUNG: 22 Plätze 13 € inkl. 2 Personen, Ver- und Entsorgung, Strom 4 €

GEÖFFNET: ganzjährig, am Osterjahrmarkt im April gesperrt

SONSTIGES: Strom: 4 €, Wasser: 1 €/80 l

TIERE: Hunde erlaubt, 3 €

Einladende Gastronomie mit historischem Charme

Für Radfahrer bieten sich die Routen entlang der Flüsse für zahlreiche Touren an. Egal, für welchen Flusslauf man sich entscheidet, in jeder Richtung gelangt man nach wenigen Kilometern an eine Brücke oder eine der vielen kleinen Fähranlegestellen, sodass man für die Rückfahrt die Seite immer ganz bequem wechseln kann, um seine Fahrt möglichst abwechslungsreich zu gestalten.

Ebenfalls gut zu erreichen ist der Reinhardswald, das »Märchenland« der Gebrüder Grimm. Hier sollen sich einige der Grimmschen Märchen zugetragen haben. Mit der Sababurg befindet sich im Reinhardswald sogar das angebliche Dornröschenschloss. Traumhaft gelegen, taucht es bei der Anfahrt zwischen den Urwaldbäumen auf. Sehenswert ist auch der angeschlossene Tierpark, der besonders für Kinder sehr viele interaktive Spielmöglichkeiten bietet. Die Entfernung vom Stellplatz bis zum Reinhardswald sowie die Strecke selbst sind mit 25 Kilometern als sehr anspruchsvoll zu bezeichnen. Der Hinweg führt die letzten zehn Kilometer überwiegend bergauf. Alternativ bietet sich der Regionalbus von Hann. Münden nach Hofgeismar an – oder das Wohnmobil auf der Fahrt zum nächsten Ziel.

INFOS

CAMPINGPLATZ TANZWERDER

Busch Freizeit & Touristik GmbH, Tanzwerder 1, 34346 Hann. Münden, Tel. 05541/12257, www.busch-freizeit.de

GPS: 51.415833, 9.646944

KOSTEN PRO ÜBERNACHTUNG: Stellplätze ab 17 € für eine Person, Strompauschale 4 €

GEÖFFNET: 01. April–15. Oktober, Anmeldung möglich

SONSTIGES: Strom: pauschal 4 €, Tourismusabgabe 1 €

TIERE: Hunde erlaubt, 3 €/Nacht

TOURIST-INFO: Tourist-Information Hann. Münden, Rathaus, Lotzestraße 2, 34346 Hann. Münden, Tel. 05541/75313, www.hann.muenden-tourismus.de
Nordhessischer Verkehrsverbund NVV, Rainer-Dierichs-Platz 1, 34117 Kassel, Tel. 0561/709490, www.nvv.de, Infos über Busverbindungen in der Region und zur Sababurg

SEHENSWERT: Altstadt, Reinhardswald mit Sababurg

Rechte Seite: Im Märchenland der Gebrüder Grimm

Wo Werra sich und Fulda küssen
Sie ihre Namen büssen müssen.
Und hier entsteht durch diesen Kuss
Deutsch bis zum Meer der Weser Fluss
Hann. Münden d. 31. Juli
1899.

49 EIN ANKERPLATZ AM WESER-UFER

Wahlsburg in Niedersachsen

Wir befinden uns wieder direkt an der Grenze von Hessen und Niedersachsen, diesmal auf hessischer Seite. Der Stellplatz des Landhotels »Zum Anker« in Wahlsburg direkt an der Weser ist landschaftlich toll gelegen. Die kleine Fähre, die hier anlegt, ist die einzige Verbindung zum anderen Ufer und wird fast ausschließlich von Radfahrern und Fußgängern genutzt.

Der Wohnmobilstellplatz und das Landhotel liegen an der Straße zum Fähranleger. Da damit jedoch kaum Autos fahren, ist es einerseits wunderbar ruhig, andererseits ist es ungemein praktisch, hier gleich über die Weser setzen zu können. Der Platz am Flussufer ist sehr großzügig angelegt. Die ungefähr 50 Stellplätze teilen sich auf zwischen Uferlinie und einer Wiesenfläche, an deren Rand ein paar Bäume Schatten spenden. Die Wiesen in Ufernähe sollten nach längerem Regen aber am besten erst einmal zu Fuß begangen und geprüft werden, damit man sichergeht, mit dem Wohnmobil nicht einzusacken. Die Toilettenanlage und die Ver- und Entsorgung befinden sich nach der Einfahrt auf der linken Seite. Die Wirtsfamilie des Landhotels »Zum Anker« ist für ihre Gastfreundschaft bekannt und beliebt, es gibt immer tolle Angebote. Sehr oft finden hier Clubtreffen oder Ähnliches statt.

BEDEUTENDE ROMANIK UND BESCHAULICHE HEIMAT

Von hier aus sind es nur drei Minuten zu Fuß in den Ort, wo man sich mit allem Wichtigen versorgen kann: Einkaufsmöglichkeiten, Drogerie und Apotheke sind vorhanden. In der nahen Klosterkirche Lippoldsberg, die in weniger als zehn Minuten zu Fuß zu erreichen ist, finden oft Veranstaltungen wie Konzerte statt. Die bedeutende romanische Basilika selbst ist ein tolles Baudenkmal und auch

Hier finden auch »Dickschiffe« ihren Liegeplatz.

ohne den Besuch einer Veranstaltung eine Besichtigung wert. In der Klosterpforte am Westeingang sind touristische Informationen verfügbar.

Noch näher am Stellplatz befindet sich das kleine Heimatmuseum »Museum und Werkstatt im Schäferhaus« e.V. Hier kann man hautnah erleben, wie man im letzten Jahrhundert gelebt hat. Neben den Wohnräumen gibt es sogar ein altes Backhaus, ein Bienenhaus und eine alte Schmiede. Man darf gerne anfassen und selbst ausprobieren.

Besonders angenehm ist in der gesamten Gemeinde Wahlsburg die Stille, die hier herrscht, da keine Durchgangsstraße den Gang durch den Ort trübt. Falls das zu viel Entspannung ist, hat mit dem größeren Ort Bad Karlshafen eine gute Alternative. Dazu wechselt man einfach mit der Fähre auf die andere Seite der Weser und folgt dem Weserradweg. Rund 3800 Einwohner verteilen sich auf die beiden Stadtteile Karlshafen und Helmarshausen. Die Stadt wurde 1699 durch Landgraf Carl zu Hessen an der Mündung der Diemel in die Weser gegründet und ist sogar Kurstadt.

Wieder zurück am Stellplatz versammeln sich die Gäste bei gutem Wetter am frühen Abend gerne auf der Terrasse des Biergartens am ganz hervorragenden Grillbuffet, das keine kulinarischen Wünsche mehr offen lässt.

Romanische Klosterkirche in Lippoldsberg

Die Fähre über die Weser

INFOS

LANDHOTEL »ZUM ANKER«

Weserstraße 14, 37194 Wahlsburg, Tel. 05572/1873, www.landhotel-zum-anker.de

GPS: 51.624444, 9.552222

KOSTEN PRO ÜBERNACHTUNG: 50 Stellplätze für 12 € inkl. Entsorgung und 2 € Verzehrgutschein

GEÖFFNET: ganzjährig

SONSTIGES: Strom: 0,50 €/kWh, Wasser: 0,50 €/50 l, Toiletten und Duschen am Platz

TIERE: Hunde erlaubt

TOURIST-INFO: Tourist-Information im Klosterhof, Klosterhof 10, 37194 Wahlsburg-Lippoldsberg, Tel. 05572/999226, www.klosterkirche.de Tourist-Information Bad Karlshafen, Hafenplatz 8, 34385 Bad Karlshafen, Tel. 05672/999922, www.bad-karlshafen.de, Weserfähre Wahlsburg–Gewissenruh, März–Ende Oktober tägl. 8–18 Uhr, sonntags ab 9 Uhr, Erwachsene mit Rad 1,20 €, Kinder 0,50 €, Wohnmobil ab 2,50 €

KULINARISCHES: Brötchenservice, Grillbuffet im Landhotel mit verschiedenen Fleischsorten, Beilagen und Dips

SEHENSWERT: Klosterkirche Lippoldsberg, Klosterhof 10, 37194 Wahlsburg-Lippoldsberg, Tel. 05572/999226, www.klosterkirche.de Museum und Werkstatt im Schäferhaus e.V., Schäferhof 22, 37194 Lippoldsberg, Tel. 05572/1534, www.wahlsburg.de/touristik/museen.php

50 LAHN CAMPING, LIMBURG AN DER LAHN

Tebartz-van Elst oder: Es steht ein Lama im Wald

Limburg liegt zu beiden Seiten des Flusses Lahn, an der deutschen Fachwerk- und der Alleenstraße. Durch die Lahn gelangte die Stadt zu Ansehen und Reichtum. 1160 wurde eine hölzerne Brücke über die Lahn gebaut, der Handelsweg zwischen Köln und Frankfurt war eröffnet und die schlauen Stadtväter nahmen dafür einen Brückenzoll. Diesen frühen Reichtum sieht man der Stadt auf Schritt und Tritt an.

Der Platz »Lahn Camping Limburg« befindet sich direkt an der Lahn mit hervorragendem Blick auf die Altstadt in westlicher Richtung. Insbesondere der imposante Limburger Dom kann von hier aus in seiner ganzen Pracht ausgezeichnet bewundert werden. Man steht entweder am Flussufer oder etwas weiter hinten unter schattigen Bäumen. Die Stromkästen sind ohne erkennbares Muster über den Platz verteilt und die etwas älteren Sanitäranlagen sind funktional und sauber. Ein kleiner Laden mit Brötchenservice und ein Restaurant mit Biergarten befinden sich neben der Einfahrt. Auch wenn man spät am Abend ankommt, kann man, solange die Gastronomie noch geöffnet ist, bedenkenlos einfahren. Vor dem eigentlichen Campinggelände befindet sich rechts außerdem auch noch ein Wohnmobilstellplatz für acht Fahrzeuge mit Stromversorgung. Was man für einladender hält, bleibt natürlich jedem selbst überlassen. An dieser Stelle ist auch die Ver- und Entsorgung für alle mobilen Gäste.

Die Idylle des Platzes an der Lahn wird ein klein wenig durch die Geräuschkulisse der viel befahrenen Autobahnbrücke getrübt. Dafür ist man aber auch auf kürzestem Weg in der wunderschönen Altstadt, auf dem Lahn-Radweg oder hat sein Kajak zu Wasser gelassen. Der Fluss ähnelt hier wegen der Staustufe fast einem See.

Auch die Enten mögen Wohnmobilfahrer.

ALTSTADT LIMBURG

Der Stadtkern Limburgs ist ein mittelalterliches Kleinod. Nur wenigen Städten ist es vergönnt, ein ganzes Ensemble mittelalterlicher Bebauung so unversehrt ihr Eigen nennen zu dürfen. Der ehemals ummauerte Stadtkern zwischen dem Dom St. Georg und der alten Lahnbrücke steht unter Denkmalschutz. Die Fachwerkhäuser aus dem 13. bis 18. Jahrhundert sind reichlich mit Schnitzereien verziert, und die Wohnhäuser der wohlhabenden Patrizier, die Stiftsherrenhäuser und die Burgmannenhöfe wurden aufwendig und fachgerecht saniert – unter ihnen eines der ältesten frei stehenden Fachwerkhäuser Deutschlands: der Römer 2-4-6, dessen älteste Teile ins Jahr 1289 datieren sollen. Auf altem Kopfsteinpflaster der Altstadt geht es hoch hinauf zur Burg Limburg und zum einmaligen, spätromanischen Dom. Die faszinierende Kathedralkirche thront auf einem

Kalkfelsen über den Dächern der Stadt und dem Fluss und ist weithin gut sichtbar. Hier erwartet die Besucher eine spannende Zeitreise durch über 1100 Jahre Geschichte. Das Diözesane Zentrum St. Nikolaus am Domplatz, direkt gegenüber der Kathedrale, wurde in den vergangenen Jahren zu einem regelrechten, neuen Besuchermagnet – vor allem natürlich durch einen bekannten Bewohner, der keine Kosten und Mühen für eine opulente Umgestaltung scheute. Aber das ist ein anderes Thema …

Hinter dem Dom und der Burganlage liegt, wieder ein kleines Stückchen weiter unten, das Wirtshaus Obermühle Limburg. Hier sitzt man etwas unterhalb der Altstadt, genau gegenüber dem Campingplatz. Im 13. Jahrhundert wurde in dieser Mühle das Getreide von Limburg und Umgebung gemahlen. Das heutige Wirtshaus mit Biergarten in der restaurierten Mühle lädt ein zu Kleinigkeiten und besonderen Limburger Spezialitäten wie zum Beispiel »Limburger Edelsäcker« (Schweinefleisch gefüllt mit Sauerkraut, Senf und Gewürzgurken mit Bratkartoffeln). Vor allem bei schönem Wetter genießt man hier einen schönen Blick – nach oben zum Dom ebenso wie nach unten ins Lahntal!

Wenn man der Lahn etwas weiter nach Westen folgt, über die Grenze zu Rheinland-Pfalz hinweg, erreicht man den Ort Heistenbach. Dieser wartet mit einer Art der Unternehmung auf, mit der man zunächst wahrscheinlich nicht gerechnet hätte: den Lahn Lamas! Beate Fillbach begeistert sich seit dem Jahr 2000 für die Anden-Tiere und züchtet sie mittlerweile selbst – in Heistenbach. Aber nicht nur das, denn angeboten werden auch verschiedene Veranstaltungen von Lama-Touren bis hin zu Kindergeburtstagen, Schul- und Betriebsausflügen. Selbst gesponnene Lama-Wolle und Wollprodukte der Tiere, die so klingende Namen tragen wie »Antonio Banderas«, können ebenfalls erworben werden.

Über den Lahnweg sind es nur wenige Minuten in die Altstadt.

INFOS

LAHN CAMPING LIMBURG

Schleusenweg 16, 65549 Limburg, Tel. 06431/22610, www.lahncamping.de

GPS: 50.388878, 8.073869

KOSTEN PRO ÜBERNACHTUNG: 60 Stellplätze auf dem Campingplatz für 9,70 €, Erwachsene: 7,50 €, Kinder: 4 €, Strom: 3,20 €, Müllgebühr. 1 €, (Ermäßigungen mit ACSI-Karte)

GEÖFFNET: Campingplatz: April–Oktober, Stellplätze vor dem Campinggelände: ganzjährig

TIERE: Hunde erlaubt, 2 €/Nacht

TOURIST-INFO: Tourist-Information Limburg, Barfüsserstraße 6, 65549, Limburg a. d. Lahn, Tel. 06431/6166, www.limburg.de

KULINARISCHES: Gaststätte mit Biergarten (nur im Sommer) und Kiosk am Platz, Brötchenservice (nur im Sommer), Wirtshaus Obermühle, Am Huttig 3, 65549 Limburg an der Lahn, Tel. 06431/5840084, www.obermuehle-limburg.de

SEHENSWERT: Limburger Dom und Altstadt, Lahn Lamas, In den Hofmannsbergen, 65558 Heistenbach, Tel. 0171/4660604

51 REISEMOBILHAFEN TWISTESEE

Wasserspaß für die ganze Familie in Bad Arolsen

Das hessische Heilbad Bad Arolsen liegt in der schönen, wald- und wasserreichen Landschaft der Ferienregion Waldecker Land. Der Twistesee entstand nach der sogenannten »Heinrichsflut« von 1965, als von 1971 bis 1981 mit dem Bau der Twistetalsperre ein Rückhaltebecken für Twiste, Diemel und Weser gebaut wurde. Und wenn man schon einen See entstehen lässt, sollte dieser auch gleich einen Freizeit- und Erholungswert für die Bevölkerung bieten. Das Vorhaben ist bestens gelungen!

Hier am Rand des nordhessischen Mittelgebirges ist mittlerweile ein regelrechtes Paradies für Angler, Wanderer, Radfahrer und Wassersportler entstanden. Den 7,2 Kilometer langen, fast ebenen Rundweg um den See herum kann man gemütlich entlangspazieren oder radeln. Auf diesem schönen Weg, der teilweise durch Wald führt und angenehm schattig ist, passiert man eine große Liegewiese, einen FKK-Strand, eine Hundewiese und eine abgetrennte Fläche für Modellboote. Ein großes Vergnügen für die ganze Familie ist das Strandbad Twistesee mit Sandstrand und Spielmöglichkeiten zum Nulltarif. Nur die Duschen kosten 1 €. Wasserskisportlern steht eine Wasserskianlage zur Verfügung und diejenigen, die eher gemütlich auf »hoher See« unterwegs sind, können den Twistesee mit Schlauch-, Paddel- und Tretbooten erkunden. Der Bootsverleih befindet sich neben dem Strandbad. Zu langweilig? Dann kann man ja vielleicht doch den Surfschein machen oder tauchen gehen? Oder man nutzt das einzigartige Wassertrampolin!

Es geht aber auch trocken: Auf der neuen Neun-Loch-Anlage direkt am See wird der Golfschläger mit oder ohne Golflehrer geschwungen, und wer hoch hinaus möchte, kann ab dem Staudammparkplatz eine Ballonfahrt unternehmen.

Seeblick? Bitteschön!

BAROCKES BAD AROLSEN

Nur fünf Minuten vom Platz, der Ort Wetterburg

Auf diesem idyllischen Fleckchen Erde haben Sigrid und Ludwig Stümpel einen liebevoll gestalteten Wohnmobilstellplatz errichtet. Das Rezeptionsgebäude beherbergt einen Kiosk und Sanitäranlagen. Ein Fahrweg trennt den Platz in einen Schotter- und einen Wiesenplatz, der näher am See liegt. Je nach Präferenz – und Wetterlage – ist es sinnvoller, den einen oder den anderen Teil zu befahren. 120 Wohnmobile haben auf den großzügigen Parzellen auseichend Platz. Hier ist das volle Campingleben ausdrücklich erwünscht und Hunde sind willkommen. Für Clubtreffen wird darüber hinaus ein beheizbares Zelt zur Verfügung gestellt. Im hinteren Bereich nach der Zufahrt befindet sich eine große Ver- und Entsorgungsstation, an der auch zwei Fahrzeuge gleichzeitig Frischwasser aufnehmen können. Alle Stellplätze sind sehr gut befestigt und selbst zur Weihnachtszeit herrscht hier reges Treiben. An den Wochenenden und in der Saison gibt es neben dem Kiosk noch ein Café mit Außenterrasse. Die vorbestellten Brötchen werden bis ans Wohnmobil geliefert. Fast alle Wünsche ihrer Gäste versucht das nette Betreiberpaar zu erfüllen. Der Reisemobilhafen Twistesee liegt nicht nur wunderschön am Wasser, er ist auch mehr als ein »gewöhnlicher« Stellplatz. Hier kann man es sich schon einige Tage gut gehen lassen, und an abwechslungsreichen Möglichkeiten, die Freizeit zu verbringen, mangelt es bestimmt nicht. Für Ausflüge in die »weitere« Umgebung, nach Korbach oder Kassel, wird außerdem ein Fiat Panda zur Miete angeboten.

Die nur knapp fünf Kilometer entfernte Barockstadt Bad Arolsen lässt sich schön zu Fuß erkunden. Sie ist nicht sehr groß, hat aber einiges zu bieten. Als Wahrzeichen der Stadt gilt das Residenzschloss, erbaut von 1710 bis 1766 nach dem großen Vorbild Versailles.

Das Hofbrauhaus Arolsen ist wohl die älteste Brauerei Hessens. Die Nonnen des früheren Klosters sorgten selbst für ihren Unterhalt und brauten natürlich auch ihr Bier selbst. Die Brau-Tradition ist über all die Jahrhunderte und die Auflösung des Klosters weitergeführt worden. Seit bereits über 100 Jahren braut hier Familie Brüne ein sehr schmackhaftes Bier. Das kulinarische Programm vervollkommnen die leckeren Gerichte aus der Brauhausküche.

INFOS

REISEMOBILHAFEN TWISTESEE

Bericher Seeweg 1, 34454 Bad Arolsen, Tel. 05691/8069383, www.reisemobilhafen-twistesee.de

GPS: 51.383889, 9.065278

KOSTEN PRO ÜBERNACHTUNG: 166 Stellplätze für 13 € inkl. WLAN und Entsorgung

GEÖFFNET: ganzjährig, Reservierungen ab 3 Tagen Aufenthalt, für Gruppen ab 3 Wohnmobile, keine Stellplatzwünsche

SONSTIGES: Duschen: 1 €, Strom: 0,60 €/kWh, Wasser: 0,10 €/8 l, Pkw-Vermietung

TIERE: Hunde erlaubt

TOURIST-INFO: Tourist-Information Bad Arolsen, Große Allee 24, 34454 Bad Arolsen, Tel. 05691/801240, www.bad-arolsen.de

KULINARISCHES: Kiosk, Café und Brötchenservice am Platz, Gaststätte Zum Hofbrauhaus, Kaulbachstraße 33, 34454 Bad Arolsen, Tel. 05691/2204

SEHENSWERT: Bad Arolsen, Residenzschloss, www.schloss-arolsen.de

52

IDYLLISCHER STELLPLATZ AM NECKAR

Hirschhorn (Neckar) und Heidelberg

Vor einigen Jahren haben wir nicht nur unser Herz, sondern vor allem die Geduld bei der Suche nach einem geeigneten Übernachtungsplatz in Heidelberg verloren. Deshalb zeigen wir Ihnen heute einen sehr schönen Stellplatz im 24 Kilometer entfernten Städtchen Hirschhorn (Neckar), von dem aus man ganz wunderbar eine Besichtigung von Heidelberg starten kann.

Der Wohnmobilstellplatz »Beim Ätsche« bietet 25 Plätze in bester Panoramalage direkt am Neckar mit Blick auf die Hirschhorner Altstadt und die Burg. Die befestigte Wiese geht bis ans Ufer und lädt zum Verweilen ein, auch Grillen ist hier erlaubt. Der Stellplatz liegt direkt am örtlichen Sportplatz, den Kinder und Jugendliche der Wohnmobilbesatzungen gerne als Spielfläche nutzen dürfen. Vom Wirt des Vereinsheims vor Ort werden die Gäste liebevoll betreut. Er kümmert sich um alle Belange seiner Gäste. Falls doch einmal viel los sein sollte: In dem kleinen Park auf der gegenüberliegenden Straßenseite gibt es eine weitere schöne Spielfläche.

EIN JUWEL UND EINE PERLE AM NECKAR

Hirschhorn selbst – auch die »Perle des Neckartals« genannt – besitzt einen schönen, historischen Ortskern, der geprägt ist von Fachwerkhäusern. Über allem thront die mittelalterliche Burg Hirschhorn. Es lohnt sich, die engen Gassen der Altstadt zu entdecken. Man kann einen schönen Spaziergang machen, der entlang der schönen, gut erhaltenen Stadtmauer zum Karmeliterkloster und dann weiter hinaufführt zur Burganlage. Oben angekommen, eröffnet sich dem Betrachter ein einmaliger Ausblick auf den gegenüberliegenden Stadtteil Ersheim auf

Stellplatzperle am Neckarufer

der Landspitze in der Neckarschleife, auf die Doppelkammerschleuse sowie die umgebenden Täler.

Die Stadt bietet ihren Gästen allerdings noch weitere erlebnisreiche Angebote. Dazu zählen beispielsweise die Geospiele, die man in der Tourist-Information erhalten kann. Man erhält dazu eine komplette Ausrüstung inklusive Tablet. Die Themenbereiche sind verschieden: »Auf den Spuren von Mark Twain«, »Historischer City Trail« oder »Mord im Neckartal« heißen sie und versprechen interessante und spannende Unterhaltung für Jung und Alt. Teams ab zwei und mehr Personen können gegeneinander antreten oder man löst gemeinsam in der Gruppe verschiedene Aufgaben, um das Ziel zu erreichen.

Um dann doch noch nach Heidelberg zu gelangen, hat man die Wahl: Man kann entweder 24 Kilometer mit dem Rad entlang des Neckarradweges fahren, oder man nimmt die S-Bahn. Nach nur 27 Minuten Fahrt kommt man am Heidelberger Hauptbahnhof an. Die ehemalige kurpfälzische Residenzstadt ist bekannt für ihre malerische Altstadt mit der Schlossruine sowie für ihre renommierte Universität, die älteste Hochschule auf dem Gebiet des heutigen Deutschlands. Sie zieht Wissenschaftler und Besucher aus aller Welt an.

Heidelberg liegt in einer der wärmsten Regionen Deutschlands, hier gedeihen einige für die hiesigen klimatischen Verhältnisse ungewöhnlichere Pflanzen wie etwa Mandel- und Feigenbäume, aber auch Ölbäume. Wenn Sie außergewöhnliche Vogelstimmen hören, sollten Sie den Blick schnell nach oben lenken, es gibt hier nämlich eine Population frei lebender Halsbandsittiche!

Das nahe Hirschhorn lädt zu einem Bummel ein.

Kulinarisch ist man hier inmitten der wunderschönen Wirtshäuser, die oft auch von Studenten besucht werden, bestens versorgt. Herausragend ist dabei, auf direktem Weg in die Altstadt, das Gasthaus »Zum Roten Ochsen«. Es wird nunmehr seit 1839 in sechster Generation von der Familie Spengel geführt. Ob Schwäbische Maultaschen oder Pfälzer Bauernbratwurst, hier kommt Traditionelles frisch zubereitet auf den Teller. Die Einrichtung ist sehr rustikal, und wenn Sie ihre Blicke über die Wände gleiten lassen, werden Sie auch ein handsigniertes Bild von Mark Twain finden – und dann den Zusammenhang mit dem Geospiel in Hirschhorn verstehen. Wer weiß, vielleicht sitzen Sie ja am gleichen Tisch!

INFOS

WOHNMOBILSTELLPLATZ »BEIM ÄTSCHE«
Jahnstraße 2, 69434 Hirschhorn, Tel. 06272/2980

GPS: 49.442100, 8.897819

KOSTEN PRO ÜBERNACHTUNG: 25 Stellplätze für 12,50 € inkl. 2 Erwachsene und Entsorgung

GEÖFFNET: ganzjährig, Reservierungen möglich

SONSTIGES: Strom: pauschal 3 €, Wasser: 0,50 €/40 l

TIERE: Hunde erlaubt

TOURIST-INFO: Tourist-Information Hirschhorn, Alleeweg 2, 69434 Hirschhorn, Tel. 06272/912351, www.hirschhorn.de Tourist-Information Heidelberg, Willy-Brandt-Platz 1, 69115 Heidelberg Tel. 06221/5844444, www.heidelberg-marketing.de

KULINARISCHES: Sportgaststätte am Stellplatz, Gasthaus »Zum Roten Ochsen«, Hauptstraße 217, 69117 Heidelberg, Tel. 06221/20977, www.roterochse.de, Pfälzer Kartoffelsuppe 6,90 €, Schwäbische Maultaschen 14,90 €

SEHENSWERT: Altstadt Hirschhorn, Heidelberg

53 WEILBURG AN DER LAHN

Hier geht es »drunter und drüber«

Weilburg liegt im Lahntal und gehört sowohl zum Westerwald als auch zum Taunus. Die kleine Stadt befindet sich genau zwischen Limburg und Wetzlar, ist staatlich anerkannter Luftkurort und ehemalige Residenzstadt. Die Wurzeln des großherzoglichen Hauses von Luxemburg liegen hier.

Für Wohnmobilreisende hat die Stadt Weilburg einen Stellplatz direkt am Fluss und am Fuße der Altstadt, die wunderschön in der Lahnschleife liegt, eingerichtet – perfekt, um Weilburg zu Fuß zu erkunden. Der Schotterplatz liegt neben dem Feuerwehrstützpunkt, ist absolut eben und für bis zu 80 Mobile ausgelegt. Zu verschiedenen Clubtreffen kommen aber schon einmal 100 und mehr Fahrzeuge hierher. Bei der Ankunft meldet man sich entweder in der Tourist-Information, oder man wartet auf den Parkwart, der täglich um 9 bzw. 10 und gegen 19 Uhr vor Ort ist. Stromanschlüsse, Frischwasser und Entsorgung stehen am Platz zur Verfügung. Die Toiletten im Westturm (Feuerwehrgebäude Hainallee) können genutzt werden und sind durchgehend geöffnet. Wir haben sie sehr sauber vorgefunden. Vorgesehene Parzellen gibt es nicht. Aber natürlich sind die Stellplätze direkt am Flussufer sehr begehrt. Die Bäume an der Böschung spenden schönen Schatten. Zweckmäßig und sehr zentral gelegen, ist dieser Platz für ein bis zwei Übernachtungen sicherlich gut geeignet, für einen längeren Aufenthalt würden wir ihn aber nicht empfehlen.

Parzellierung ist hier ein Fremdwort!

DIE GESCHICHTETE STADT

Weilburg lässt sich in Schichten beschreiben: unter der Erde drei Tunnel, darüber ein Berg und darauf ein Schloss. Das »Weilburger Tunnelensemble« gilt als weltweit einzigartig. Es gibt nämlich nicht nur einen Eisenbahntunnel und einen Straßentunnel, der die Altstadt unterführt, sondern auch einen Schifffahrtstunnel, der heute nur noch von Freizeitbooten genutzt wird.

Daneben kann man Weilburg aber auch mit seiner Geschichte beschreiben – denn davon besitzt das Städtchen viel! Vom Stellplatz geht es etwas steil den Berg hinauf in das Stadtzentrum. Schon bei der Anfahrt auf Weilburg dominiert das eindrucksvolle Schloss hoch über der Lahn den Blick. Die gesamte Altstadt ist eines der am besten erhaltenen Ensembles barocker Baukunst in Deutschland. Ursprünglich war das Schloss eine Burg aus dem zehnten Jahrhundert. Nach unruhigen Jahrzehnten, in denen Weilburg verkauft, verschenkt und annektiert wurde, kaufte 1294 das Haus Nassau Weilburg und verlieh dem Ort die Stadtrechte. Graf Johann I. von Nassau verlegte 1355 seine Residenz nach Weilburg, modernisierte die Burg und ließ die Stadtbefestigung bauen – der Beginn des Hauses Nassau-Weilburg. Graf Philipp III. ließ ab 1535 die vierflügelige Schlossanlage im Stil der nordischen Renaissance bauen. Um 1700 wurde das Schloss wiederum erweitert und der Schlosspark angelegt. Für zehn Jahre, von 1806 bis 1816, war Weilburg sogar Sitz des Herzogtums Nassau.

Weilburg ist allgemein eine sehr grüne Stadt. Zwischen dem Lahnlauf und dem Altstadtfelsen befindet sich seit Ende des 19. Jahrhunderts ein terrassenartig angelegter Hanggarten. Seit 2004 ist der örtliche Gartenbauverein der Pächter, bewirtschaftet und gestaltet diese Flächen. Der eindrucksvolle Terrassengarten begeistert jeden Gartenfreund und ist Heimat vieler Insekten und Vögel geworden.

Nach so viel Geschichte und Gartenbaukunst ist das Auge satt und der Magen knurrt. Ein Päuschen auf dem Marktplatz vor dem Rathaus ist gerade richtig. Restaurants und Cafés bieten von hochpreisigen Speisen und erlesenen Weinen bis zum einfachen Snack oder Kaffee und Kuchen alles zur leiblichen Stärkung an. Ein Spaziergang durch die Innenstadt, vorbei an den Weilburger Pisee-Bauten, eine Stampflehm-Bauweise, führt uns wieder vom Berg hinunter zum Wohnmobilstellplatz.

Wenn man noch etwas Zeit hat, lohnt eine Fahrt zur nur drei Kilometer entfernten Kristallhöhle in Kubach. Sie ist die einzige Calcitkristallhöhle Deutschlands. Die Höhle wird ergänzt durch ein kleines Museum, das über die Entdeckung dieser Höhle informiert, und ein Freilichtsteinemuseum.

Der Innenhof der Schlossanlage lädt auch zu Konzerten ein.

»Nur wo du zu Fuß warst, bist du auch wirklich gewesen«, schrieb einmal Johann Wolfgang von Goethe. Für die Stadt haben wir das bereits erledigt. Wir nehmen das Zitat nicht ganz wörtlich und finden, dass auch das Fahrrad zählt. Neben schönen Wanderungen sind nämlich auch Radtouren auf dem gut ausgebauten Wegenetz durch das grüne Lahntal, abseits der belebten Straßen, ein wirkliches Vergnügen. Wer lieber zu Wasser möchte: Weilburg an der Lahn hat natürlich einen Kanuverleih. Und ja, man darf mit dem Kanu durch den Schifffahrtstunnel paddeln!

INFOS

WOHNMOBILSTELLPLATZ
Hainallee/Im Bangert 16 B, 35781 Weilburg, Tel. 06471/31467, www.weilburg.de/de/weilburg-gastfreundlich/wohnmobilstation.html

GPS: 50.483889, 8.257500

KOSTEN PRO ÜBERNACHTUNG: 80 Stellplätze ab 6 €, 8 € inkl. Strom und Ver-/Entsorgung

GEÖFFNET: ganzjährig, bei Veranstaltungen gesperrt

SONSTIGES: Schlüsselkaution: 15 €

TIERE: Hunde erlaubt

TOURIST-INFO: Tourist-Information Weilburg, Mauerstraße 6, 35781 Weilburg, Tel. 06471/31467, www.weilburg.de

KULINARISCHES: Brötchenservice in den Sommermonaten Mi–Sa ca. 9 Uhr

SEHENSWERT: Residenzschloss Weilburg, Kubacher Kristallhöhle, Höhlenverein Kubach e.V., Auf dem Kalk 1, 35781 Weilburg-Kubach, Tel. 06471/94000, www.kubacherkristallhoehle.de
Kanubasis Weilburg-Kanuverleih Lahn, Schmittbachweg 2a, 35781 Weilburg, Tel. 06471/429112, www.kanu-basis.com

54 CARAVANINGPARK SCHAFFER-MOBIL, DRESDEN

Die Perle Sachsens

Wir folgen dem Flusslauf der Elbe, bis wir vor den Toren der barocken Perle Sachsens landen. Dresden ist ein klassisches Reiseziel für alle Jahreszeiten. Wir steuern es zur Weihnachtszeit an, wenn der »Striezel«, der traditionelle Dresdner Christstollen, doch besonders gut schmecken muss!

Die Auswahl an Stellplätzen ist hier leider nicht sehr groß, einige sind unversorgt. Darum steuern wir den direkt am Elbradweg gelegenen CaravaningPark des Reisemobilhändlers Schaffer-Mobil in Dresden-Kaditz an. Von hier ist man in nur drei Minuten bei der Straßenbahn, dann braucht man noch zehn Minuten Fahrt, und schon ist man in der wunderschönen Altstadt am Elbufer!

Für einen Winteraufenthalt erhält man hier die optimale Versorgung inklusive Sanitäranlagen zu einem fairen Preis. Die 100 Stellplätze in der parkähnlichen Anlage im Nordwesten Dresdens sind großzügig bemessen, der Blick auf das Grün der Elb-Auen ist sehr schön. Hunde sind erlaubt und finden hier auch sofort einen tollen Auslauf. Der Wohnmobilstellplatz trägt überall die Handschrift der Eigentümer. Familie Schaffer gehörte zu den ersten, die nach der Wiedervereinigung vom Wohnmobilvirus infiziert wurden und das Potenzial der reisenden Gäste erkannten. Der Platz lässt sich in verschiedene Bereiche gliedern, so müssen zur Winterzeit nicht alle Abschnitte befahren werden. Der geschotterte Untergrund der Stellflächen und die besonders befestigten Fahrspuren erlauben ein gutes Rangieren auf dem gesamten Areal. Jeder Platz hat seinen Freiraum, und auch die hinteren Stellplätze haben sogar einen Ausblick bis zum Elbufer.

Ein besonderer Service ist der E-Bike- bzw. Pedelec-Verleih vor Ort. Dies ermöglicht zum Beispiel problemlos einen Ausflug ins 25 Kilometer entfernte Meißen! Wir haben es für Sie getestet und waren restlos begeistert.

Auch im Winter gut nutzbare Stellflächen

KLASSISCH: DRESDENS STRIEZELMARKT

Für den nächsten Tag sollte man bequemes Stadterkundungs-Schuhwerk anlegen und den Rucksack für die Einkäufe nicht vergessen. Am Endhaltepunkt der Linie 9 steigt man in die Straßenbahn ein und kann sich ohne Umsteigen bis zur Altstadt chauffieren lassen. Von der Haltestelle am Postplatz aus sind es noch etwa 400 Meter bis zum berühmten »Striezelmarkt«. Der Dresdner Weihnachtsmarkt empfängt seine Gäste mit historischen Figuren und Karussells. Von hier aus kann man wunderbar die zur Elbe liegende Altstadt erobern. Im Umkreis von einem Quadratkilometer erwarten den Besucher zahlreiche Highlights: der Dresdner Zwinger mit Kronentor und Gemäldegalerie der Alten Meister, die Semperoper, das Taschenbergpalais, die Frauenkirche, das Residenzschloss, der Hausmannsturm und die Hofkirche – um nur die wichtigsten Sehenswürdigkeiten zu nennen. Der gesamte Weg wird dabei umrahmt von Altbauten aus verschiedenen Epochen, die sich zum Teil über ganze Straßenzüge ausbreiten. Es ist mehr als beeindruckend, was hier seit der Wiedervereinigung gerettet, saniert oder wieder aufgebaut wurde. Irgendwann erreicht man das Terrassenufer und blickt auf eine ganze Flotte von Ausflugs- und Flusskreuzfahrtschiffen. Bei schönem Wetter bietet sich auch im Winter ein Schiffsausflug an, denn vom Wasser aus wirken die Elbtalauen und die Anfahrt auf Dresden durchaus noch einmal ganz anders – einfach einmalig, dieses Panorama!

Der Eingang zum traditionsreichen »Strietzelmarkt«

Zur Weihnachtszeit sollte man unbedingt zur Dämmerung über die Augustusbrücke zum Neustädter Markt gehen. Vorbei am »Goldenen Reiter« ist die gesamte Hauptstraße bis zum Jorge-Gomondai-Platz ein durchgehender Markt mit phantastischen Illuminationen. Das Angebot an Kunsthandwerk, kulinarischen Gaumenfreunden und warmen Getränken ist auch auf dieser Seite der Elbe riesig.

Weltberühmt, der goldene Reiter glänzt auch im Dunkeln.

INFOS

CARAVANINGPARK SCHAFFER-MOBIL
Kötzschenbroder Str. 125, 01139 Dresden, Tel. 0351/83718-0, www.schaffer-mobil.de

GPS: 51.085556, 13.682778

KOSTEN PRO ÜBERNACHTUNG: 100 parkähnlich angelegte Stellplätze für 18 € inkl. Ver- und Entsorgung, Nutzung der Sanitäranlagen und WLAN

GEÖFFNET: ganzjährig

SONSTIGES: Strom: 1 €/1,3 kWh, Wasser: 0,10 €/10 l, Duschen: 1 €, direkt am Elbradweg, E-Bike- und Pedelec-Verleih

TIERE: Hunde erlaubt

TOURIST-INFO: Tourist-Information Dresden, Neumarkt 2, 01067 Dresden, Tel. 0351/501501, www.dresden.de

KULINARISCHES: Watzke Brauereiausschank am Goldenen Reiter, Hauptstraße 1, 01097 Dresden, Tel. 0351/8106820, www.watzke.de, Hauptspeisen ab 9,50 €, Watzkes Altpieschner Bier 3,40 €

SEHENSWERT: Dresdner Striezelmarkt, Altstadt-Ensemble, Innere Neustadt, Elbtalauen, Erlebniswelt Haus Meissen, Talstr. 9, 01662 Meißen, Tel. 03521/41940, www.meissen.com

55 WOHNMOBILSTELLPLATZ SAUNABAD, WEIMAR

Die Stadt der Dichter und Denker

Das UNESCO-Welterbe »Klassisches Weimar«: 50 Jahre seines Lebens verbrachte Goethe hier, Schiller wohnte in der Stadt, Franz Liszt erteilte hier Musikunterricht. Das Wittumspalais und die Herzogin Anna Amalia Bibliothek gehören zu den schönsten Sehenswürdigkeiten. Walter Gropius als Begründer des Bauhauses ist ebenfalls untrennbar mit der Stadt verbunden. Die Zeit der Weimarer Republik – es ist eine Liste, die noch lange kein Ende nehmen müsste.

Auch wenn es nicht einfach ist, den richtigen Platz für die Übernachtung auf einem Stellplatz in Weimar zu finden, wollen wir die Stadt nicht als »schwarzen Wohnmobil-Fleck« auf der Landkarte hinterlassen. Hier, wo einige der bedeutendsten Töchter und Söhne Deutschlands lebten und arbeiteten, weht stets ein Hauch deutscher Geschichte durch die Straßen und Gassen. Man weiß gar nicht so recht, wo man anfangen und aufhören soll. Die etwas über 64 000 Einwohner begrüßen jährlich mehr als eine Million Gäste, die die zahlreichen Sehenswürdigkeiten genießen. Der Wohnmobilstellplatz in der Stadt am Hermann-Brill-Platz ist nicht mehr als eine abgetrennte Parkfläche für 10 €. Oft parken Autos auf der Fläche und es ist durch den Verkehr recht laut.

EIN PLÄTZCHEN IM GRÜNEN

Ein Stückchen weiter im Süden Weimars, im Stadtteil Legefeld bereits südlich der A4, hat man das Gefühl, schon direkt auf dem Dorf zu sein. Hier befindet sich beim Saunabad Weimar ein wunderbarer Wohnmobilstellplatz, den der Eigentümer, selbst Wohnmobilfahrer, errichtet hat. Zehn Fahrzeuge finden auf der befestigten und ebenen Fläche eine Übernachtungsstätte. Da hier auch die Saunagäste parken, kann man zunächst auf der ruhigen Straße warten, bis diese weg sind. Die Stellplätze sind kostenlos, gegen eine geringe Gebühr erhält man Strom und Frischwasser. Lediglich mit einer leeren Toilette sollte man anreisen, da eine Entsorgung hier nicht möglich ist. In der Nacht ist es wunder-

Entspannung am Abend, Stellplatz und Wellnessbad in einem

bar ruhig, und nur 400 Meter entfernt gibt es sogar eine Bäckerei. Wenn es zum Wochenende voll wird, kann man schräg gegenüber den schönen Parkplatz einer ansässigen Firma als Ausweichfläche nutzen. Das Saunabad mit seinem tollen Ambiente ist bis 23 Uhr geöffnet, das Bistro hält sogar noch bis 22 Uhr Speisen bereit – so kann man nach einem ausgiebigen Besuch in Weimar noch wunderbar entspannen!

Das ganze Jahr über finden täglich um 10 und 14 Uhr Stadtführungen statt, an denen man ohne vorausgehende Buchung teilnehmen kann. Ausgangspunkt ist die Tourist-Information am Markt 10. Auch wenn man kein Frühaufsteher ist, ist die Führung um 10 Uhr sehr zu empfehlen, denn um diese Zeit ist die Stadt noch im Erwachen und die Teilnehmer-Gruppen sind übersichtlich. Danach kann man gemütlich entscheiden, ob man noch ein Museum oder Gebäude intensiver besuchen möchte.

Rathaus von Weimar

Die Alternative zu den klassischen Führungsangeboten ist die multimediale Stadtführung mit iGuide, der in der Größe einem E-Book ähnelt. Dieses erhält man an der Tourist-Information entweder für 7,50 € für vier Stunden oder für 10 € für den ganzen Tag. Der iGuide ist wirklich ein tolles Equipment, das in Wort und Bild zu insgesamt 30 Sehenswürdigkeiten führt, wo dann als besonderer »Gag« auch noch Goethe oder Schiller sprechen und aus ihren Werken zitieren. Für die Hightech-Freaks gibt es das Ganze noch als App für das Smartphone. Die klassische Stadt Weimar ist also schon längst im 21. Jahrhundert angekommen und gibt sich sehr viel Mühe bei der Betreuung seiner Gäste.

Nach so viel Informationen und Geschichte wird es Zeit für ein Bier, gebraut nach Weimarer Reinheitsgebot von 1348! Dazu geht man am besten zur Adresse Humboldtstraße 37, in die Gasthausbrauerei Felsenkeller, wo man bestens nach alter Thüringer Tradition speisen kann. Ludwig Deinhardt braute hier bereits 1875 sein Deinhardt-Bräu, und so heißt es bis heute.

INFOS

WOHNMOBILSTELLPLATZ SAUNABAD

In der Buttergrube 11, 99428 Weimar, Tel. 03643/953003, www.saunabad-weimar.de

GPS: 50.935556, 11.286667

KOSTEN PRO ÜBERNACHTUNG: 10 kostenlose Stellplätze

GEÖFFNET: ganzjährig

SONSTIGES: keine Entsorgung, Strom, Wasser und Dusche: ab 2 €/Person, sehr gute Busanbindung in die Innenstadt

TIERE: nicht erlaubt

TOURIST-INFO: Tourist-Information Weimar, Markt 10, 99423 Weimar, Tel. 03643/7450, www.weimar.de

KULINARISCHES: Bäcker 400 Meter vom Stellplatz, weitere Gastronomie am Ort, Gasthausbrauerei Felsenkeller, Humboldtstr. 37, 99425 Weimar, Tel. 03643/414741, www.felsenkeller-weimar.de, Hauptgerichte ab 8,50 €, selbst gebrautes Bier

SEHENSWERT: Klassisches Weimar

56 GENUSSTAGE AM ALTENBERGER SEE

Thüringens Naturparadies Wartburg-Hohe Sonne

Unweit der Höhenzüge des Rennsteigs liegt, nur 14 Kilometer südlich von Eisenach, an den Ausläufern des Thüringer Waldes, der Altenberger See. So abgeschieden er vielleicht liegen mag – als Ausgangspunkt, um die Umgebung zu erkunden, ist der Campingpark Eisenach direkt am See perfekt.

Mal ganz ehrlich: Manche Dinge entdeckt man nur, wenn man ganz zufällig direkt an ihnen vorbeifährt – oder ausrutscht und mit der Nase darauf stößt. Dazu gehört vielleicht auch der Campingplatz am Altenberger See. Von Eisenach kommend folgt man der B19, zwischen Wilhelmstal und Etterwinden biegt man rechts in den Wald ab. Nach nur einem Kilometer ist man am See angekommen, in dessen Nordwesten sich der Wohnmobilstellplatz vor dem Campingplatz am Altenberger See, der offiziell »Campingpark Eisenach« heißt, befindet. Die gut befestigte und ebene Fläche mit Blick auf den See nimmt 15 Wohnmobile aller Größen auf. Es gibt zwei zentrale Stromanschlüsse, sodass man von den äußeren Plätzen rund 20 Meter Kabel benötigt. Im oberen Bereich des Campingplatzes gibt es noch einige Stellplätze mit tollem Blick auf den See. Auf einem angenehmen Rundgang über den Campingplatz und um den schönen See kann man weiteres entdecken: lustige Steinfiguren, den Spielplatz, ein Volleyballfeld, Tischtennisplatten, eine einladende Badestelle und die Gastronomie »Seeblick« mit ihrer tollen Außenterrasse gleich nebenan. Der Campingpark hat einen direkten Zugang zum Rennsteig, einem der Premium-Rad- und Wanderwege Deutschlands. Dieser lässt keine Wünsche offen, ob für Mountainbiker oder Wanderer. Man muss sich nur noch entscheiden, wie man sich lie-

Lauschiges Plätzchen in praller Sonne

ber fortbewegen will.
Wer des Angelns mächtig ist, kann sich hier am See sogar sein Abendessen selbst fangen und auf dem Grill zubereiten. Neben den Angelplätzen gibt es auch einen Bootsverleih. Auch bei Kindern und Jugendlichen wird bei dem reichhaltigen Freizeitangebot sicherlich keine Langeweile aufkommen. Die freundlichen Angestellten an der Rezeption halten außerdem auch stets noch den einen oder anderen Tipp bereit. Hier erhalten die Gäste darüber hinaus ab 8 Uhr morgens frische Backwaren.

Herrliche Lage direkt am Altenberger See

DIE SONNE STEHT HOCH AM RENNSTEIG

Unbedingt zu empfehlen ist, einen tollen Ausflug zu Fuß oder per Rad zur »Hohen Sonne« am Rennsteig einzuplanen. Direkt vom Campingpark führt der knapp vier Kilometer lange Weg zum Einstieg in die Drachenschlucht, eine wunderschöne Klamm im Naturschutzgebiet Wartburg-Hohe Sonne. Die Schlucht ist nicht besonders groß, aber sehr beeindruckend. Am Ende der Schlucht hat man die Möglichkeit, in nur weiteren fünf Kilometern die Wartburg zu erreichen. Man muss dazu einfach der Beschilderung »Lutherweg« folgen, und schon steht man vor dem beeindruckenden Burgensemble, wo der Reformator Martin Luther das Neue Testament ins Deutsche übersetzt hat. Das UNESCO-Welterbe Wartburg ist seit der Wiedervereinigung aufwendig saniert worden und bietet einen einmaligen Blick über das Thüringer Becken.

Am Ende des Ausflugs kann man ganz praktisch mit dem Regionalbus zurück bis zum Campingpark fahren.

Um sich richtig zu erholen, hat man hier dann die Möglichkeit, die platzeigene Sauna zu benutzen und nach diesem erlebnisreichen Tag original Thüringer Spezialitäten im Restaurant Seeblick zu genießen.

Skurrile Steinfiguren entlang der Uferlinie

INFOS

CAMPINKPARK EISENACH
Am Altenberger See, 99819 Wilhelmsthal, Tel. 03691/215637, www.campingpark-eisenach.de

GPS. 50.909683, 10.301786

KOSTEN PRO ÜBERNACHTUNG: 50 Stellplätze für 19,50 € inkl. 1 Person, Ver- und Entsorgung und Energieversorgung, weitere Erwachsene: 7 €, Kinder (4–16 Jahre): 4 €, ab dem 3. Kind gratis, günstigere Winterangebote

GEÖFFNET: ganzjährig, Reservierung möglich

SONSTIGES: Duschen: 0,80 €/4 Min, Rabatte mit ADAC CampCard, CCI, CKE, ab einem Auf-enthalt von mehr als 10 Tagen: 10 % Rabatt

TIERE: Hunde erlaubt, 4 €/Nacht

TOURIST-INFO: Tourist-Information Eisenach, Markt 24, 99817 Eisenach, Tel. 03691/79230, www.eisenach.info

KULINARISCHES: Brötchenservice und Minimarkt am Platz

SEHENSWERT: Wartburg, Wartburg-Stiftung, Auf der Wartburg 1, 99817 Eisenach, Tel. 03691/2500, www.wartburg.de

57 »UNTER DEN LINDEN« IN TREFFURT

An der deutschen Fachwerkstraße im Wartburgkreis

An der Werra, in unmittelbarer Nachbarschaft zu Hessen, liegt die Stadt Treffurt. Hoch oben über dem Ort thront die Burg Normannstein mit ihren drei Türmen. Durch die langen Jahre im Zonenrandgebiet lag Treffurt Jahrzehnte im Dornröschenschlaf. Nun strahlen Burg und Ort miteinander um die Wette!

Den Wohnmobilbesatzungen bietet die Stadt Treffurt einen kostenlosen Stellplatz direkt an der Werra im südlichen Teil der Stadt. Auf der B250 aus Richtung Eisenach kommend befindet sich der Platz links vor der Brücke über den Fluss. Auf der gegenüberliegenden Flussseite breitet sich malerisch die Altstadt aus. Für mehr als 20 Wohnmobile steht hier ein großes Wiesengelände mit Bäumen zur Verfügung. Eine Parzellierung gibt es nicht. Vier Stellplätze sind mit Rasengittersteinen befestigt und eignen sich somit auch für Wohnmobile über 3,5 Tonnen. Die Randbereiche sind ebenfalls gut befestigt. Für die Entsorgung steht ein Bodeneinlass zur Verfügung, der auch für die Toiletten genutzt wird. Es gibt acht Stromanschlüsse sowie Wasseranschluss mit Münzautomat. Der Wohnmobilstellplatz »Unter den Linden« in Treffurt präsentiert sich zweifelsohne als ein Stellplatz alter Schule, als Sanitäranlagen noch nicht unbedingt auf der Wunschliste standen und auch nicht immer als notwendig angesehen wurden. Es ist ein recht naturbelassenes Gelände, das dem Nutzer aber dennoch viele Optionen bietet. Kinder können die gebotenen Freiräume wunderbar ihr Eigen nennen. Hundebesitzer können in alle Himmelsrichtungen eine Gassi-Runde starten. Der Angler hat sein Revier direkt vor der Tür, und Kanus oder Kajaks können zu Wasser gelassen werden. Die Größe der Stellplätze gibt einem das Gefühl, auf einem Campingplatz zu sein. Von der nahe gelegenen

Naturbelassene Stellplätze für jeden Geschmack

Wer-rabrücke hört man zwar tagsüber den Autoverkehr, nachts ist es aber tatsächlich himmlisch ruhig. Am gegenüberliegenden Werraufer führt außerdem auch der Werra-Radweg vorbei. Ein Bootsanleger befindet sich unmittelbar am Stellplatz. Selbst wenn man vergessen hat, die Vorräte im Wohnmobil aufzufüllen, bieten der örtliche Bäcker und die Metzgerei mit ihren regionalen Spezialitäten eine gelungene Einkaufsmöglichkeit. Besonders zu empfehlen ist die frische Thüringer Bratwurst, denn das Grillen ist auf dem Stellplatz gestattet! Überhaupt verbreitet die Idylle des Platzes eine ganz besondere Stimmung, und die Menschen finden sich gerne zu einer gemütlichen Runde zwanglos zusammen.

Burg Normannstein thront weit sichtbar über Treffurt.

AN DER DEUTSCHEN FACHWERKSTRAßE

Die Stadt Treffurt liegt an der Deutschen Fachwerkstraße. Die Altstadt liegt direkt gegenüber des Stellplatzes und ist nach einem kurzen Spaziergang sehr gut zu Fuß zu erreichen. Man überquert einfach die Brücke. Nachts, wenn die Burg illuminiert ist, bietet sich dem Betrachter ein wirklich majestätischer Blick. Der historische Altstadtkern mit den vielen, sehr schön restaurierten Fachwerkhäusern lädt zu einem Bummel durch die romantischen Gassen auf original erhaltenem Kalksteinpflaster ein. Das wunderschön erhaltene Rathaus aus der Renaissancezeit zählt zu den schönsten mittelalterlichen Fachwerkhäusern Deutschlands. Das Ensemble auf dem Marktplatz versetzt den Besucher vermeintlich fast zurück ins Mittelalter, als die Hufe der stolzen Ritterpferde über das Pflaster klapperten.

Durch die Lage im »Niemandsland« – es waren nur drei Kilometer zur innerdeutschen Grenze – hat sich eine seltene Flora und Fauna erhalten. Auf den Kalksteinbergen um Treffurt findet man eine alpenländische Vegetation vor. Man kann sogar Enziane entdecken. Darüber hinaus erfreuen den Naturfreund viele Orchideenarten. Ein extra angelegter Orchideen-Lehrpfad mit Informationstafeln erklärt die unterschiedlichen Pflanzen. Ein besonderer Augenschmaus ist die Kirschblüte im Frühjahr, wenn die Natur in einem leuchtenden Weiß erstrahlt.

INFOS

WOHNMOBILSTELLPLATZ »UNTER DEN LINDEN«, TREFFURT

Unter den Linden, 99830 Treffurt, Tel. 036923/51542, www.treffurt.de/wohnmobilstellplatz.html

GPS: 51.133333, 10.236389

KOSTEN PRO ÜBERNACHTUNG: über 20 kostenlose Stellplätze, Entsorgung gratis (keine Müllentsorgung)

GEÖFFNET: ganzjährig, keine Reservierungen, 2 Wochen im Juli gesperrt (Schützenfest)

SONSTIGES: Strom: 1 €/1 kWh, Wasser: 0,50 €, keine Sanitäranlagen

TIERE: Hunde erlaubt

TOURIST-INFO: Tourist-Information Treffurt, Puschkinstr. 3, 99830 Treffurt, Tel. 036923/51542, www.treffurt.de

KULINARISCHES: Restaurant »Burg-Normannstein«, Burg Normannstein 1, 99830 Treffurt, Tel. 036923/828744, www.restaurant-normannstein.de

SEHENSWERT: Treffurter Altstadt

58 SOLE REISEMOBILHAFEN BAD SALZUNGEN

Das weiße Gold der Kelten

Bad Salzungen im Werratal trägt nicht umsonst das Wort »Bad« im Namen: Der Ort ist seit 2009 staatlich anerkanntes Sole-Heilbad. Doch diesen Namen trägt die Stadt bereits seit 1923. Die Tradition, die Salzquellen wegen ihrer heilenden Wirkung zu nutzen, besteht sogar noch länger und geht bis ins 16. Jahrhundert zurück.

Der SOLE Reisemobilhafen in Bad Salzungen ist neu angelegt. Breite Fahrspuren, große Parzellen, gut befestigter Untergrund mit Rasengittersteinen und Pflastern für rund 80 Wohnmobile zeichnen ihn aus. Sogar an besonders schwere »Dickschiffe« ist gedacht: Es stehen zwei übergroße Parzellen für Fahrzeuge über zwölf Tonnen zur Verfügung. Alle Parzellen sind mit Münzstromsäulen ausgestattet, Ver- und Entsorgung sowie Müllgefäße befinden sich im Bereich der Zufahrt. Hier befindet sich auch das Büro des Gästebetreuers. Ob man Golfschläger ausleihen, Infomaterial abholen oder einfach nur einen netten Plausch halten möchte – Sebastian Hennicke ist die »gute Seele« des Platzes. Die noch junge Bepflanzung zwischen den Parzellen gibt dem Platz sein Grün. Durch die Lage am Rand des Ortes hat man es ins Grüne aber sowieso nicht weit. Direkt am Reisemobilhafen fließt außerdem die Werra vorbei, an der es auch einen Kanu-Anleger gibt. Gegenüber den Stellplätzen ist das Highlight für Kinder und Jugendliche: eine künstlich aufgeschüttete Erlebnisinsel mit einem riesigen Abenteuerspielplatz. Zahlreiche Spiel- und Klettervarianten bieten stundenlang Beschäftigung. Ganz toll ist die neu entstandene Familiengolfanlage, die wirklich modern ist und Pfiff hat! Der Einstieg in das Fahrradnetz der Werra-Auen beginnt ebenfalls direkt am Stellplatz. In den Weiten der Auen kommen auch Hundebesitzer voll auf ihre Kosten.

Perfekt angelegt mit viel Liebe und Grün

IN BAD SALZUNGER SOLE ENTSPANNEN

Der Name »SOLE-Reisemobilhafen« ist Programm. Das historische Gradierwerk und die Thermenwelt befinden sich unmittelbar neben dem Platz. Kombi-Angebote aus Stellplatzgebühren und Eintritt in die Solewelt verführen den Wohnmobilisten zu einem entspannenden Aufenthalt mit Gesundheitsaspekt. Das Sole-Heilbad in Bad Salzungen ist das älteste Deutschlands. Bereits in der Bronzezeit haben hier Kelten aus Sole das weiße Gold – sprich: Salz – gewonnen. Heute dient die Sole medizinischen Zwecken. In der modernen Solewelt, dem historischen und aufwendig saniertem Gradierwerk und den modernen Kliniken wird ein vielfältiges Gesundheits- und Wohlfühlprogramm angeboten. Außerdem hat man als Reisemobilhafen-Besucher die Möglichkeit, für 2 € die Solewelt 30 Minuten lang zum Duschen oder für ein schnelles Bad zu nutzen.

Der historische Stadtkern Bad Salzungens, die Fußgängerzone und der romantische Burgsee sind in wenigen Minuten fußläufig zu erreichen. Der Burgsee hat einen Umfang von 1,2 Kilometer. Ein schöner Rundweg mit einer Flaniermeile am nordwestlichen Ufer der Promenade lädt zu einem Spaziergang mit Shopping und Restaurantbesuch ein.

Mehrere Fernwanderwege beginnen in Bad Salzungen oder führen daran vorbei. Das Wanderwegenetz eignet sich für kürzere Touren genauso gut wie für Mehrtagestouren. Eines haben alle Wege auf jeden Fall gemeinsam: die fantastische Aussicht. Auf der einen Seite erstreckt sich der Thüringer Wald, auf der anderen blickt man auf die Rhön. Zu den bekanntesten Strecken und Premiumwanderwegen in dieser Gegend gehören der Werra-Burgen-Steig und der Rennsteig. Wer jedoch lieber mit dem Rad unterwegs ist, dem bietet der Werratal-Radweg ein 200 Kilometer langes Wegenetz entlang vieler interessanter Orte wie z.B. Bad Liebenstein, Eisenach, Hildburghausen, Schmalkalden, Treffurt, Walldorf, Wasungen und vielen mehr. Das Radwegenetz ist – falls man nicht gleich die ganzen 200 Kilometer strampeln möchte – in viele unterschiedlich lange, leichte bis schwere Etappen unterteilt und bietet interessante Thementouren.

Spaziergang über den Markplatz von Bad Salzungen

INFOS

SOLE REISEMOBILHAFEN
Flößrasen 5, 36433 Bad Salzungen, Tel. 0369/69340, www.sole-reisemobilhafen.de

GPS: 50.815278, 10.237500

KOSTEN PRO ÜBERNACHTUNG: ca. 80 Stellplätze für 12 € inkl. Entsorgung, Kurtaxe: 1,50 €/Person

GEÖFFNET: ganzjährig, Reservierung möglich, Wohnwagen nicht erlaubt

SONSTIGES: Duschen: 2 €/30 Min. in der Solewelt, Strom: 0,50 €/kWh, Frischwasser: 1 €/80 l

TIERE: Hunde erlaubt, Leinenpflicht

TOURIST-INFO: Tourist-Information Bad Salzungen, im »Museum am Gradierwerk«, Am Flößrasen 1, 36433 Bad Salzungen, Tel. 03695/693420, www.badsalzungen.de

KULINARISCHES: Grillen auf Schotterboden erlaubt (nur mit amtlich zugelassenen Mehrweg-Grillgeräten)

SEHENSWERT: Solewelt Bad Salzungen, Wandervorschläge und Radtouren findet man in großer Auswahl auch zum Ausdrucken unter www.radroutenplaner.thueringen.de.

59 ERFURT – EINE STADT IN NEUEM GLANZ

Die Landeshauptstadt des Freistaats Thüringen

Dresden und Leipzig sind wahre Touristenmagneten. Aber es müssen nicht immer die gleichen Städte angefahren werden, wenn es in die »Neuen Bundesländer« geht. Recht zentral in Deutschland gelegen, ist Erfurt, die Landeshauptstadt Thüringens, allemal eine Reise wert. Sie werden schon sehen!

Die hervorragende Verkehrsanbindung des Erfurter Kreuzes an die Autobahnen 4 und 71 gestaltet die Anreise, egal aus welcher Himmelsrichtung, sehr angenehm und zügig. Somit ist Erfurt ein tolles Reiseziel für ein Wochenende. Mit 200 000 Einwohnern ist die Stadt nicht zu groß und nicht zu klein, sondern für zwei bis drei Tage gerade richtig. Bei der Auswahl des Wohnmobilstellplatzes haben wir uns für den Platz an der Thüringenhalle bzw. dem Steigerwaldstadion am südlichen Stadtrand entschieden. Er liegt nur 1,5 Kilometer zur Innenstadt entfernt, die Endhaltestelle der Straßenbahn ist direkt am Stadion. Innerhalb von acht Minuten wird man von ihr mitten in die Altstadt chauffiert.

Perfekte Lage zur Innenstadt und doch ein wenig grüne Oase

Am Stellplatz – ganz konkret ist damit der hintere Bereich des großen Parkplatzes an der Thüringenhalle gemeint – ist ein wenig Grün vorhanden und die Plätze sind sehr großzügig. Der Stellplatz ist außerdem kostenlos, hat aber keinerlei Versorgung, was bei einem Aufenthalt von bis zu zwei Tagen jedoch auch weitgehend problemlos sein sollte. Deshalb bitte nicht vergessen: Frisch gefüllt und entsorgt anreisen! Ab Sommer 2017 darf man sich allerdings auf einen völlig neuen und großzügigen Stellplatz freuen, der von einem Investor errichtet werden soll.

ZWISCHEN DOM UND KRÄMERBRÜCKE

Doch jetzt lassen Sie uns die City erobern. Bereits im Jahr 742 gründete der Missionserzbischof Bonifatius das Bistum Erfurt. Im Mittelalter entwickelte sich die Stadt zum

wichtigen Handelsplatz im Heiligen Römischen Reich, sie wurde zu einer bedeutenden Großstadt und Zentrum des Thüringer Raumes, auch im Hinblick auf die Bildung: Martin Luther ist der wohl berühmteste Absolvent der Erfurter Universität.

Wir machen einen zeitlichen Sprung. Nach der Wiedervereinigung blühten im Rahmen der Infrastrukturprogramme die gesamte Region und insbesondere die Altstadt Erfurts mächtig auf. Die Gebäude erhielten ihren alten Glanz zurück, der Dom und die berühmte Krämerbrücke sind hier nur wenige Beispiele. Sehr schön ist der Stadtrundgang »Erfurt – die Faszination einer historischen Stadt erleben«, der vom Tourismus-Center ganzjährig täglich angeboten wird. Für 7 € gibt diese Führung mehr als zwei Stunden lang den kleinen Teilnehmergruppen einen wirklich tollen historischen Abriss mit Einblicken vor und hinter die Kulissen. Aber natürlich lohnt es sich auch, Erfurt auf eigene Faust zu erkunden. Der Weg wird unvermeidlich über die fantastische Krämerbrücke führen: Sie ist das älteste profane Bauwerk Erfurts und zählt mit ihrer beidseitigen, geschlossenen Brückenbebauung aus 32 Fachwerkhäusern zu den bekanntesten Wahrzeichen der Stadt. Die Fußgängerbrücke überspannt den Fluss Gera und verbindet den Benediktsplatz im Altstadtkern mit dem Wenigemarkt in der östlichen Altstadterweiterung. Darüber hinaus steht in Erfurt die bedeutende Alte Synagoge. Sie gilt mit einem über 900 Jahre alten Altar als älteste erhaltene in Europa.

Lassen Sie sich von der wunderschönen Altstadt überraschen.

Die Erfurter Altstadt ist etwas zerklüftet. Dem Touristenstrom folgen, bedeutet: Man gelangt automatisch zu allen Sehenswürdigkeiten wie Dom und Marktplatz. Biegt man ab und zu einmal ab, so bekommt man auch ein bisschen »Erfurt für Insider« mit Wohnrevieren und Studentenvierteln. Neben der Straßenbahn kann man den Rückweg von der Innenstadt zum Stellplatz auch getrost zu Fuß gehen. Der Weg führt entlang eines schönen kleinen Parks, dessen Seiten wunderbare Jugendstil-Häuser säumen.

Für den Hunger ist das Gasthaus Feuerkugel in der Michaelisstraße zu empfehlen. Hier gibt es klassische, hausgemachte thüringische Speisen, eine freundliche Bedienung und ein Ambiente fast wie vor 100 Jahren!

INFOS

WOHNMOBILSTELLPLATZ THÜRINGENHALLE/STADION

Werner-Seelenbinder-Straße, 99096 Erfurt, www.erfurt-tourismus.de

GPS: 50.957778, 11.036667

KOSTEN PRO ÜBERNACHTUNG: 6–10 kostenlose Stellplätze

GEÖFFNET: ganzjährig

SONSTIGES: gute Anbindung zur Innenstadt, nachts sehr ruhig

TIERE: Hunde erlaubt

TOURIST-INFO: Tourist-Information Erfurt, Benediktsplatz 1, 99084 Erfurt, Tel. 0361/6640120, www.erfurt-tourismus.de

KULINARISCHES: Traditionsgasthaus Feuerkugel, Michaelisstraße 3–4 in 99084 Erfurt, Tel. 0361/7891256, www.feuerkugel-erfurt.de

SEHENSWERT: Erfurter Dom, Krämerbrücke

60 WOHNMOBILSTELLPLATZ HEINRICHS-RUHE

Der Name ist hier ein Teil des Programms

Vorab: Der Platz ist auch für große Wohnmobile mit Anhänger geeignet. Bei der Anfahrt durch den Wald braucht es ein wenig vorausschauendes Fahrverhalten. Die letzten zwei Kilometer der Anfahrt sind bei Gegenverkehr zwar etwas eng, aber durchaus machbar!

Auf dem Stellplatz Heinrichs-Ruhe findet nicht nur Heinrich seine Ruhe! Der Platz bietet mit seiner fantastischen Aussicht über das Orlatal ausreichend Gelegenheiten um in der himmlischen Ruhe die Seele baumeln zu lassen oder die Gegend zu Fuß zu erkunden. Die urige Gaststätte existiert seit 1878. In den Sommermonaten ist der Biergarten geöffnet. Der Betreiber führt den Platz mit viel Liebe und Engagement. Ein Dusch- und Toilettencontainer ist von April bis Oktober nutzbar, die Feuerstelle und der Grillplatz dürfen das ganze Jahr genutzt werden. Brötchen- und Frühstücksservice werden angeboten, Gasflaschentausch und – nach Absprache – wird ein Shuttlebus für Ausflüge kleinerer und größerer Gruppen organisiert. Haustiere sind gern gesehen. Das ganze Jahr über werden verschiedene Veranstaltungen angeboten: Kräuterwanderungen, Fahrradausflüge sowie Sommer- und Wintergrillen.

Der Ort Neustadt ist fußläufig zu erreichen. Mit seinem historischen und denkmalgeschützen Stadtkern ist er absolut sehenswert. Besonderes Augenmerk gilt den Fleischbänken aus dem Mittelalter von 1475 in der Nähe des Marktplatzes. Hier zerlegten die Metzger die Tiere und boten sie direkt an ihren bankförmigen Verkaufstischen an.

Eines der schönsten Gebäude der Stadt ist das Lutherhaus, in dem sich auch die Touristeninformation befindet. In dem vor 1450 errichteten Haus soll Luther der Legende nach, bei seinen Besuchen des Augustiner-Eremitenklosters, mehrfach gewohnt haben.

Unser Gastronomie Tipp ist natürlich das Restaurant Heinrichs-Ruhe vor Ort. Besonders zu empfehlen sind Thüringer Spezialitäten und die Grillabende zur Terrassenzeit. Im Herbst und Winter gibt es köstliche Wildgerichte. (Ruhetage: Montag und Dienstag)

Rechts: Die Fleischbank in Neustadt

Rechte Seite: Das Lutherhaus am Marktplatz von Neustadt

INFOS

WOHNMOBILSTELLPLATZ HEINRICHS-RUHE
Heinrichsruhe 1, 07806 Neustadt an der Orla, Tel. 03648/123944, www.heinrichsruhe.de

GPS: 50.755556, 11.756667

KOSTEN PRO ÜBERNACHTUNG: 45 Stellplätze für 10 €, für Strom, Wasser, Nutzung Dusche und Sanitäranlagen werden je 0,50-1 € fällig. Eine Entsorgung ist ebenfalls vorhanden.

TIERE: Hunde erlaubt

TOURIST-INFO: Touristen Information im Lutherhaus, Rodaer Str. 12, 07806 Neustadt an der Orla, Tel. 036481/85121, www.neustadtanderorla.de

KULINARISCHES: Grillplatz, Brötchenservice Restaurant Heinrichs-Ruhe vor Ort

P

» REISE-INFORMATIONEN VON A BIS Z

Der Stadtstrand
von Eckernförde

ANGENEHM

Ob großer Urlaub oder kurzer Wochenendtrip: Alle wollen sich entspannen und die Zeit genießen. Das A und O auf einem Campingplatz oder Stellplatz ist der freundliche und respektvolle Umgang miteinander. Wie Mark Twain sagte: »Freundlichkeit ist eine Sprache, die Taube hören und Blinde lesen können.« Leider ist das nicht allen Menschen und somit auch nicht allen Wohnmobilisten von Natur aus gegeben. Aber trotzdem sollen sich auf einem Camping- oder Stellplatz alle wohlfühlen und einen angenehmen Aufenthalt verbringen können, und darum gibt es ein paar Dinge zu beachten.

CHEMIE-TOILETTE

Die Bordtoilette ist eine wichtige Voraussetzung für autarkes Stehen. Auch auf einem Platz mit schöner Sanitäranlage gibt es gute Gründe (Regen, Dunkelheit ...), das eigene WC zu benutzen. Die Aufnahmekapazität der Bordtoilette ist jedoch begrenzt und irgendwann muss sie entleert werden. Auf Campingplätzen sowie den meisten Stellplätzen gibt es hierfür eine eigene Entsorgungseinrichtung, oftmals ein überdimensionales WC oder Ausgussbecken mit einem Wasserschlauch zum Nachspülen. Mittlerweile existieren auch einige ganz moderne WC-Entsorgungs- und Reinigungsstationen. Hier wird die WC-Kassette in eine Öffnung in der Säule gestellt, die Öffnung schließt, »hinter den Kulissen« wird der Inhalt geleert, die WC-Kassette von innen und außen gereinigt und mit einem kleinen Teil Wasser und Toilettenzusatzmitteln wieder gefüllt. Das Türchen öffnet sich wieder und man kann seine gereinigte WC-Kassette wieder in Empfang nehmen.

Soweit alles sehr schön – doch was tun, wenn es keine Chemie-WC-Entleerung auf dem Platz gibt, die Entleerung jedoch dringend erforderlich ist? Wir gehen davon aus, dass alle Wohnmobiltoiletten ohne chemische Zusätze betrieben werden, sondern mit Sanitärflüssigkeiten, die den Blauen Engel auf der Verpackung haben. Diese Mittel dürfen

Der Innenhof von Kloster Cismar bei Grömitz an der Ostsee

Stellplatz an der Kaimauer im Hafen von Gager auf Rügen

keine bioziden Wirkstoffe enthalten und können somit von jeder biologischen Kläranlage abgebaut werden. Das wiederum bedeutet, dass die Toilette in jedem öffentlichen WC entsorgt werden kann. Hierbei ist jedoch ganz besonders auf die Hygiene für nachfolgende Benutzer zu achten. Das WC sollte umgehend und gründlich von eventuellen Spritzern gereinigt werden. Wände und Boden sollten ebenfalls nicht beschmutzt werden. Unser Tipp, um Spritzer bei der Entleerung zu vermeiden ist: den Daumen beim Ausleeren leicht auf den Belüftungsknopf drücken.

Die Wohnmobiltoilette im Straßengraben oder in einem Gully zu entleeren, muss in jedem Fall unterlassen werden! Die Gullys am Straßenrand sind Regenwasserabläufe, die oftmals nicht in der Kanalisation bzw. im Klärwerk enden. Sie können das Regenwasser z.B. in den nächsten Bach ableiten, und dort sollte der Inhalt unserer Toilette auf keinen Fall landen! Die Mitnahme einer zweiten WC-Kassette kann auch sehr hilfreich sein.

ENTSORGUNG

Die Entsorgung ist grundsätzlich nur an gekennzeichneten Entsorgungsstellen erlaubt. Abwasser darf nicht an Regenwasserabläufen am Straßenrand entsorgt werden. Es gibt inzwischen auch Toilettenentsorgungen, die für Chemietoiletten nicht erlaubt sind.

FERNSEHEMPFANG

Nachrichten, Sportschau oder Tatort? Das Wohnmobil ist das zweite Zuhause, und auch im Urlaub wird gerne mal ferngesehen. Die meisten »Womos« sind dafür mit einer automatischen oder »handbetriebenen« Satellitenschüssel ausgerüstet. Diese kann aber nur ein Bild auf den Fernseher bringen, wenn die äußeren Bedingungen gut sind, also wenn die Signale des Satelliten ohne Behinderung auf die Schüssel treffen. Das bedeutet aber auch, dass sich das Stehen im Schatten unter Bäumen und Fernsehen meistens ausschließen. Auch hierfür gibt es selbstverständlich Lösungen. Immer öfter werden auf Campingplätzen und moderneren Stellplätzen Kabelanschlüsse angeboten. Das erforderliche Kabel kann vielerorts an der Rezeption gegen Hinterlegung einer Kaution ausgeliehen werden. Ist man nun noch im Besitz eines Kabeltuners, kann der Fernsehgenuss losgehen: Kabel durch das Fenster (es sei denn, man ist

Bauernhofidylle bei Gorleben im alten Grenzgebiet

bereits mit einer Außen-Fernsehbuchse ausgestattet) in den Tuner und fernsehen. Die andere Möglichkeit wäre eine DVB-T2- oder -S2-Antenne mit entsprechendem Receiver. Zurzeit ist ein flächendeckender Empfang in ganz Deutschland jedoch noch nicht möglich, in und um Ballungszentren funktioniert diese kleine Antenne aber ausgezeichnet.

Stimmt die WLAN-Verbindung, wäre das natürlich noch eine weitere Alternative. Über das Internet können Radio und Fernsehen auf dem Handy oder Tablet empfangen werden. Es muss jedoch eine entsprechende App heruntergeladen werden. Mit der App »Zattoo« können z.B. viele deutschsprachige Sender gesehen werden. Eine Alternative sind die jeweiligen Mediatheken oder Live-Streams der Fernsehsender.

GESCHWINDIGKEITEN FÜR WOHNMOBILE

Für Reisemobile bis 3,5 Tonnen gelten in Deutschland die gleichen Regeln wie für Pkw, das heißt: Außerhalb geschlossener Ortschaften sind 100 km/h zulässig. Auf Autobahnen gilt, sofern keine Begrenzung vorliegt, die Richtgeschwindigkeit von 130 km/h. Innerhalb geschlossener Ortschaften kann auf mehrspurigen Fahrbahnen der Fahrstreifen frei gewählt werden.

Für Reisemobile von 3,5 bis 7,5 Tonnen gilt: Außerhalb geschlossener Ortschaften sind 80 km/h erlaubt. Auf Autobahnen und Kraftfahrstraßen sind maximal 100 km/h zulässig.

Reisemobile über 7,5 Tonnen sind auf Autobahnen und Kraftfahrstraßen auf 80 km/h beschränkt. Außerorts gilt Tempo 60.

Reisemobile über 3,5 Tonnen müssen zur üblichen Notfallausrüstung eine stationäre Warnlampe mitführen.

GRILLEN

Ein Wohnmobilstellplatz ist genau genommen eine Parkfläche, auf der die zuständige Behörde oder – bei privaten Plätzen – der Eigentümer eine bestimmte Art der Sondernutzung gestattet hat. Das bedeutet, die Übernachtung in Wohnmobilen ist erlaubt, alles andere wird durch die Stellplatzsatzung, eine Art Hausordnung, geregelt. Normalerweise sind das »Campieren«, also das Aufstellen von Markise, Tisch und Stühlen, sowie Grillen verboten. Auch hier sollte man sich im Zweifelsfall an anderen Wohnmobilisten orientieren und beachten, was die örtlichen Gegebenheiten zulassen.

Grillen auf Campingplätzen ist immer erlaubt. Allerdings wird die erlaubte »Grillart« oftmals definiert. Das Grillen auf dem Holzkohlegrill wird immer öfter verboten, mit Gasgrill ist es fast nie ein Problem. Die Ausnahme ist hier warmes, trockenes Wetter oder viel Wind, bei diesen Gegebenheiten kann das Grillen aus Sicherheitsgründen untersagt werden. Daran sollten sich die Camper schon alleine aus eigenem Interesse immer halten. Hat man einen Holzkohlegrill benutzt, sollte man die glühenden Kohlen so lange im Auge behalten, bis sie gänzlich ausgeglüht sind. Bitte die Grillkohle niemals im Gebüsch etc. auf dem Campingplatz entsorgen!

HUNDE

Hunde sind auf den meisten Stellplätzen und auf fast allen Campingplätzen erlaubt und willkommen.

Gut sozialisierte Hunde und Hundebesitzer, die die gesetzten Vorschriften beachten, sind dabei aber die Voraussetzung für ein entspanntes Miteinander. Es sollte immer selbstverständlich sein, dass die Hinterlassenschaften der Hunde selbst entfernt werden und dass der Hund nicht auf Nachbars Platz spazieren geht und nicht permanent bellt. Je nach Bundesland und Betreiber sind manchmal sogenannte »Listenhunde« verboten. Kampfhunde – wobei dieser Begriff sehr streitbar ist – werden an manchen Stellplätzen nicht gerne gesehen oder teilweise sogar wieder weggeschickt. Hier ist es auf jeden Fall ratsam, sich vorab zu erkundigen, ob es Einschränkungen am gewünschten Stellplatz oder Campingplatz gibt.

Nicht jeder liebt Hunde, manche Menschen haben sogar Angst vor ihnen. Das sollte jedem Hundehalter bewusst sein! Um hier Missverständnisse und gereiztes Verhalten zu vermeiden, sollte immer das Gespräch seitens der Hundebesitzer gesucht werden. Da die Zahl der WohnmobilfahrerInnen mit Hund groß ist und viele Campingplätze verstärkt versuchen, die Bedürfnisse der Hunde und Hundehaltenden zu erfüllen, liegt es nun an uns, den Hundebesitzern, diesen Trend nicht zu brechen und gutes Benehmen an den Tag zu legen.

INTERNET

Reisemobilisten wollen auch im Urlaub »verbunden« sein. Plätze mit kostenlosem Internetangebot sind deshalb begehrt. Aber auch Stellplätze und Campingplätze mit kostenpflichtigem WLAN sind immer gerne genommen. Doch hier tut sich oftmals schnell Unmut auf. Bezahlen und dann keinen Empfang haben?! Teilweise gibt es nur einen einzigen Hotspot für den gesamten Platz. Dieser reicht dann wegen der Überlastung nicht aus, oder der Empfang ist nur in unmittelbarer Umgebung der Rezeption oder der Gastronomie möglich. Nur selten findet man tatsächlich eine Internetversorgung über den ganzen Platz. Das bedeutet für die Urlauber oft, dass die nächste Station auf der Reise oder die Freizeitgestaltung, wenn überhaupt, von der Rezeption aus geplant werden muss. Aber nicht nur Reisemobilisten klagen über eine schlechte Internet-Infrastruktur, auch die

Bordhund Henry im Sonnenschein auf der Zugspitze

Rechte Seite: Unbedingt probieren, eine Kutschfahrt durch die Eifel

Betreiber der Reisemobilstellplätze sind mit der Versorgung unzufrieden. Um eine gute Abdeckung auf den Stellplätzen erreichen zu können, muss die Grundversorgung stimmen. Aber hier hinkt Deutschland anderen Ländern wie z. B. Frankreich noch weit hinterher. Es liegt also nicht unbedingt am guten Willen der Platzbetreiber, wenn die Internetverbindung nicht funktioniert!

KLEINGELD

Ob in der Dusche, an der Stromsäule oder am Parkautomat: Kleingeld wird oft benötigt. Ein Vorrat an 50-Cent- und 1-Euro-Münzen sollte zur »Grundausstattung« gehören.

NO-GOS

- Das Wohnmobil in der Platz-Einfahrt stehen lassen, sodass niemand mehr auf den Platz fahren kann
- Ankommen und die Nachbarn nicht grüßen
- Das Wohnmobil waschen
- Den gesamten Platz mit lauter Musik unterhalten
- Sich siezen – Camper duzen sich
- Den Abwassertank geöffnet lassen und das Grauwasser in die Wiese laufen lassen
- Außerhalb des »Womo« die Notdurft verrichten (betrifft leider vor allem die Herren der Schöpfung)
- Fäkalientank mit Frischwasserschlauch spülen
- Stellplatz mit Campingplatz verwechseln und Wäscheständer aufstellen
- Mehrfach hin- und herfahren, um den besten Platz zu finden

PARKEN/ÜBERNACHTEN

In Deutschland gilt beim Parken: Was nicht ausdrücklich verboten ist, ist gestattet. Ein Reisemobil, also ein Kfz mit Sonderzulassung als Freizeitfahrzeug, darf demnach im öffentlichen

Einladende Architektur in der Südpfalz

Bodenseepanorama mit Blick über die Weingärten

Raum ohne Weiteres geparkt werden, und zwar ohne zeitliche Beschränkung. Park- oder Nächtigungsverbote müssen durch Schilder klar ersichtlich sein. Ein Sonderfall ist das Parken auf dem Gehweg: Das ist nur dort rechtens, wo es ein Schild ausdrücklich erlaubt. Diese Regelung gilt jedoch nur für Fahrzeuge bis 2,8 Tonnen. Im Normalfall (über 3,5 Tonnen) darf grundsätzlich nicht auf dem Gehsteig geparkt werden. Das Übernachten im Fahrzeug geht über das bloße Parken hinaus und unterliegt daher anderen Regeln. Zur Wiederherstellung der Fahrtüchtigkeit ist es erlaubt, eine Nacht im Fahrzeug zu verbringen. Man geht dabei von einem Zeitraum von etwa zehn Stunden aus. Parken heißt aber nicht Campieren. Das Aufstellen von Campingmöbeln oder das Ausfahren der Markise sind nicht erlaubt! Etwas verwirrend wird es, wenn besondere Schilder die Parksituation regeln, so z. B. auf Autobahnraststätten. Ist das Parken beispielsweise ausdrücklich nur für Pkw erlaubt, dürfen Wohnmobile dort »eigentlich« nicht parken. Ist wiederum von einem Lkw-Parkplatz die Rede, dürfen dort »eigentlich« nur »Womos« über 3,5 Tonnen parken.

QUAL DER WAHL

Bei über 3000 Campingplätzen mit rund 223 000 angebotenen Stellplätzen und 2500 Wohnmobilstellplätzen in Deutschland ist die Auswahl für uns Wohnmobilisten riesig und somit natürlich auch die Entscheidung, welcher es denn wo und wann werden soll, nicht immer einfach. Nicht ganz so riesig, aber auch sehr groß ist die Auswahl an Lektüren, Apps, Blogs und Informationen aus den sozialen Medien zu diesem Thema. Zahlreiche Facebook-Gruppen diskutieren, geben Tipps, stellen eigene Erfahrungen und Bilder zur Verfügung. Blogs bieten oftmals ganze Reiseberichte mit Routenbeschreibung und entsprechenden Campingplatz- oder Stellplatz-Tipps an.

Zu den beliebtesten Campingplatz- und Stellplatzführern zählen:

- ADAC Campingführer/Stellplatzführer
- ASCI Campingführer/Stellplatzführer
- ECC Campingführer vom Deutschen Campingclub
- Pro Mobil Stellplatzführer
- Bordatlas

Die meisten der Camping- und Stellplatzführer gibt es auch in Form von Apps. Diese sind besonders dann hilfreich, wenn man unterwegs schnell wissen möchte, welcher Camping- oder Stellplatz sich in der unmittelbaren Nähe befindet. Die hinterlegten Bewertungen von anderen Nutzern können bei der Wahl eines Platzes ebenfalls sinnvoll und hilfreich sein. Zu den umfangreichsten und meist genutzten Apps gehören:

Rechte Seite: »Otto's« Leuchtturm am Deich von Greetsiel

- Pro Mobil App (gratis)
- ADAC CP/Stellplatz App (4,99 €)
- Bordatlas in der Testversion (für 7 Tage gratis)
- Stellplatz campercontact (gratis)
- park4night (gratis)

RESERVIEREN

Auf einem Campingplatz ist es selbstverständlich möglich, einen Platz zu reservieren. In der Ferienzeit und in beliebten Urlaubsregionen ist dies auch angeraten, wenn man auf Nummer sicher gehen will, auf seinem ausgesuchten Platz auch einen Stellplatz zu bekommen. Bei der Reservierung gibt man natürlich die Dauer seines Aufenthaltes an. Für diesen gesamten Zeitraum gilt die Reservierung auch, wenn man in der Zwischenzeit den Platz verlassen möchte, um z. B. einen Ausflug mit dem Wohnmobil zu machen oder einkaufen zu fahren. Kommt man zurück, stellt man sich einfach wieder auf seinen Platz.

Bei Wohnmobilstellplätzen sieht die Sache anders aus. Selten können Plätze überhaupt reserviert werden. Wer kommt, ist da! Hat man einen Platz bekommen, ist es auch nicht üblich, diesen während einer kurzen Abwesenheit zu reservieren. Hier gilt eher das Motto: »Weg gegangen, Platz gefangen!« Das Besetzen von Plätzen mit Stühlen und Tischen wird von den anderen Wohnmobilisten sehr ungern gesehen. Wie immer gilt: keine Regel ohne Ausnahme. Auf einigen bewirtschafteten Stellplätzen können Plätze reserviert werden. Diese kann man dann, wie auf einem Campingplatz, verlassen und wieder aufsuchen.

STELLPLATZ ODER CAMPINGPLATZ?

Die Frage »Stellplatz oder Campingplatz?« hängt ganz entscheidend von der Länge des

Die Mühle mit Stadtmauer in Xanten

Aufenthalts und der gewünschten Freizeitgestaltung ab. Stellplätze eignen sich gut für eine Zwischenübernachtung oder einen Aufenthalt von bis zu fünf Tagen. Sie haben keine geregelten Öffnungszeiten, sodass ein ganz flexibles An- und Abreisen möglich ist. Auf diesen Plätzen darf oft kein Campingleben stattfinden. So sind das Ausfahren von Markisen, das Aufstellen von Tischen und Stühlen und das Grillen vor der Tür (meistens) verboten, oftmals jedoch geduldet. Die Kosten für eine Übernachtung sind eher gering und variieren von 0 bis maximal 20 Euro. Selten kosten diese Plätze mehr!

Campingplatz:
Grundsätzlich ist es ein meist eingezäunter Platz mit einem Schlagbaum und einer Rezeption, an der man sich anmelden muss. Das ist Standard, allerdings gibt es auch Rezeptionen, die nur stundenweise besetzt sind. Ankunfts- und Abreisezeiten sind sehr unterschiedlich geregelt. Ein wichtiges Merkmal für einen Campingplatz sind geregelte Ruhezeiten (Mittagspause und Abendruhe) sowie genaue Ankunfts- und Abreisezeiten. Alle Campingplätze verfügen über Strom, Toiletten, Duschen und Abwaschmöglichkeiten für das Geschirr. Auf vielen Campingplätzen wird (zumindest in der Hauptsaison) eine Mindestaufenthaltsdauer von einer bis vier Wochen vorgegeben. Es gibt aber trotzdem auch Campingplätze, die nur für eine Nacht vermieten. Immer öfter bieten Campingplätze einen Teil des Geländes vor der Schranke als Wohnmobilstellplatz an. Diese Plätze stehen den Wohnmobilisten dann z. B. von 20 Uhr bis 10 Uhr des Folgetages zur Verfügung. In der Regel können die sanitären Einrichtungen, die Ver- und Entsorgung und die Mülltonnen des Campingplatzes mitbenutzt werden. Der Preis dafür ist entweder in der Stellplatzgebühr enthalten oder muss separat an der Rezeption bezahlt werden. Über die Grundausstattung hinaus ist in puncto Luxus bei Bedarf alles zu haben, was auch eine moderne Hotelanlage bietet: ob mit Schwimmbad, Sauna, Wellnessangebot, Kinder- und Erwachsenen-Animation, vielen verschiedenen Restaurants und vielem mehr!

Wohnmobilstellplatz:
Der Wohnmobilstellplatz unterscheidet sich wesentlich vom Campingplatz. Auf diesen Plätzen sind normalerweise nur Wohnmobile und eventuell noch Wohnwagen zugelassen, grundsätzlich aber keine Zelte. Auch hier gibt es viele verschiedene Varianten: Es gibt Privatstellplätze und Stellplätze, die von Gemeinden und Städten betrieben werden. So unterschiedlich wie die Betreiber sind auch die Ausstattungen – von der einfachen, abgetrennten Parkfläche auf einem Großparkplatz ohne WC, Dusche und Strom etc. bis hin zu Wellness- und Hundeduschen oder komplett ausgestatteten Küchen mit Spülmaschinen ist alles möglich. Das wichtigste Merkmal der Wohnmobilstellplätze ist wohl die freie An- und Abfahrt über 24 Stunden am Tag. Die Gebühren, wenn denn welche verlangt werden, sind meist am Automaten zu entrichten, seltener bei einem Kassierer oder im Touristenbüro. Auf manchen Plätzen steht man dicht an dicht mit wenig Platz zum Nachbarn. Der Aufenthalt ist meistens auf einige Tage beschränkt.

TO-DO

- Den Platz bei Tageslicht anfahren
- Abstand zum Nachbar-Wohnmobil halten
- Abends alles Wichtige zusammenpacken für den Fall, dass man den Platz schnell räumen muss
- Hilfsbereit sein: Wenn ein Wohnmobil eingewiesen werden muss, ohne viele Worte helfen
- WC, Dusche und Geschirrspülbecken nach Gebrauch reinigen
- Vor der Weiterfahrt ver- und entsorgen sowie die Bordtoilette leeren
- Parkgebühr bezahlen
- Von den Nachbarn verabschieden

UMWELTZONE/GRÜNE PLAKETTE

Achten Sie bitte darauf, dass in mehr als 50 Landkreisen und Städten Deutschlands Einfahrtverbote ohne grüne Plakette gelten. Die Strafen können unterschiedlich hoch sein. Viele Wohnmobilstellplätze haben eine Son-

derregelung. Wenn Sie unsicher sind, bitte vorher beim Stellplatz erkundigen.

ZECHPRELLER

Viele Stellplätze verfügen über ein auf Vertrauen basierendes Zahlungssystem, sprich: Parkautomat oder gar Briefkasteneinwurf. Bei den Automaten, die von rund einem Drittel der Stellplätze eingesetzt werden, muss bei Ankunft bezahlt und der Parkschein gut sichtbar hinter die Fensterscheibe gelegt werden. Auf den Plätzen wird ein- bis zweimal täglich kontrolliert, um Zechprellerei zu vermeiden. Die Zahl der Wohnmobilisten, die erst ganz spät am Abend kommen und am nächsten Morgen früh wieder abreisen, um nicht zahlen zu müssen, ist eher gering. Immerhin setzen fast 20 % der Stellplatzbetreiber auf pures Vertrauen in ihre Gäste. Manche Stellplätze sind mit einem Einwurf-Briefkasten und vorgefertigten Zahlungskuverts ausgestattet. Wiederum andere Stellplatzbetreiber suchen den ganz persönlichen Kontakt zu ihren Wohnmobilgästen. Sie kommen teilweise selbst täglich über den Platz, begrüßen die neu angekommenen Gäste und kassieren die Platzgebühr. Dabei wird aber nicht nur die Kontrolle oder das Kassieren in den Mittelpunkt gestellt, sondern die persönliche Ansprache jedes Gastes und damit auch das schöne Gefühl, nicht nur eine Nummer in einem System zu sein.

So oder so, liebe Wohnmobilisten: Eine kostenpflichtige Einrichtung zu nutzen und dann nicht zu bezahlen ist keine gute Empfehlung für alle WohnmobilfahrerInnen – und auch kein Kavaliersdelikt. Schön, dass es wohl die meisten genauso sehen und Zechpreller eine wirkliche Minderheit sind. Vielen Dank dafür!

Die Donau bei Neuburg in unmittelbarer Nachbarschaft zum Stellplatz

Die Dichter und Denker von Weimar

REGISTER

Die Hofkirche in Neuburg im Abendlicht

PS.: DA FÄLLT MIR NOCH WAS EIN!

In den vergangenen zehn Jahren hat sich viel getan. Die Zahl der Wohnmobilstellplätze ist stetig gewachsen, ebenso wie die Zahl der Wohnmobilbesitzer. Der Campingtourismus und das Geschäft mit Reisemobilen (beide Begriffe lassen wir gelten, je nach Geschmack) boomen. So gibt es trotz einer Vielzahl und Vielfalt an Stellplätzen bereits Engpässe. Ob Anfänger, Fortgeschrittener oder Profi, jeder von uns hat sicherlich schon einmal in der Einfahrt zum Platz der Begierde das Schild »Besetzt!« stehen gesehen. Gerade die in Deutschland so beliebten verlängerten Wochenenden bedürfen in manchen Regionen schon einer gewissen Planung!

Viele verbinden mit dem Zauberwort »Wohnmobil« eine bisher ungekannte Unabhängigkeit oder gar Abenteuer und Freiheit. Bei vielen Käufern handelt es sich allerdings um »Ersttäter«, die mit Camping noch niemals in Berührung gekommen sind. Die Erwartungen und Ansprüche wachsen daher stetig an. Wo man vor zwei Jahren noch eine befestigte Wiese für fünf Euro befahren konnte, befindet sich heute ein Premiumplatz mit 70 m^2 Parzellen, Sanitäreinrichtungen, Strom und Brötchenservice für 14 Euro zuzüglich Kurtaxe, Müllabgabe, Hundegebühr, Reservierungsgebühr, Bearbeitungspauschale und am besten gleich mit einem »All-Inclusive-Band«!

Es wäre schön, wenn wir uns Gedanken machen würden, wie viel wir unterwegs benötigen. Denn Campingplätze können alle diese Wünsche bestens erfüllen, doch muss es auch jeder Wohnmobilstellplatz? Je geringer der Aufwand ist, ob für eine Stadt oder einen privaten Betreiber, desto geringer sind die Investitionskosten, was einem schließlich bei der Stellplatzgebühr zugutekommt. Auch lassen uns moderne Hightech-Wohnmobile ja nicht umsonst nahezu autark werden.

Den Wunsch nach Unabhängigkeit und Freiheit werden wir uns weiterhin erfüllen, aber statt Abenteuer sollten wir dabei vielleicht mal wieder stärker das Motto »Back to the Roots« in den Vordergrund stellen!

Herzlichste Grüße und bis neulich auf einem Wohnmobilstellplatz, ich freue mich

Ebenfalls erhältlich ...

ISBN 978-3-7343-1228-1

ISBN 978-3-7343-2026-2

ISBN 978-3-7343-1155-0

ISBN 978-3-7343-1685-2

BRUCKMANN

www.bruckmann.de

IMPRESSUM

Produktmanagement: Kerstin Thiele
Lektorat: Charlotte von Schelling
Layout: Elke Mader, Rudi Stix
Repro: Cromika
Kartografie: Heidi Schmalfuß
Herstellung: Anna Katavic
Printed in Slovenia by Florjancic

★★★★★

Sind Sie mit diesem Titel zufrieden? Dann würden wir uns über Ihre Weiterempfehlung freuen.
Erzählen Sie es im Freundeskreis, berichten Sie Ihrem Buchhändler, oder bewerten Sie bei Onlinekauf. Und wenn Sie Kritik, Korrekturen oder Aktualisierungen haben, freuen wir uns über Ihre Nachricht an den Bruckmann Verlag, Postfach 40 02 09, D-80702 München oder per E-Mail an lektorat@verlagshaus.de.

Unser komplettes Programm finden Sie unter www.bruckmann.de

Alle Fotos auf dem Umschlag und im Innenteil stammen von Torsten Berning außer:
S. 22, 23, 42, 43, 146, 151 Lutz Kürten; S. 25 u. mauritius images/Sabine Lubenow; S. 25 o. Shutterstock/Joppi; S. 73 Shutterstock/trabantos; S. 76, 77 Marc Gilsdorf; S. 111 Shutterstock/Stephan Schlachter; S. 143 picture lliance/imageBROKER.

Umschlagvorderseite: Stellplatz Schwabenhof in Balderschwang (S. 78)
Umschlagrückseite: Stellplatz in Hilpoltstein (S. 66)

Die Deutsche Nationalbibliothek verzeichnet diese Publikation in der Deutschen Nationalbibliografie; detaillierte bibliografische Daten sind im Internet über http://dnb.d-nb.de abrufbar.

4. aktualisierte Auflage

ISBN 978-3-7343-0895-6